Cinema ou Sardinha
(Parte III)

Guillermo Cabrera Infante

Cinema ou Sardinha (parte III)

E a aventura continua

Tradução:
Gilson B. Soares

Cine o Sardinha
Copyright © Guillermo Cabrera Infante, 1997
All rights reserved

Editoração eletrônica
Rejane Megale Figueiredo

Revisão
Vera Villar

Capa
Axel Sande (www.gabinetedeartes.com.br)

Adequado ao novo acordo ortográfico da língua portuguesa

CIP-BRASIL. CATALOGAÇÃO-NA-FONTE

SINDICATO NACIONAL DOS EDITORES DE LIVROS, RJ
....
I36c

Infante, Guillermo Cabrera, 1929-2005
    Cinema ou sardinha : parte III : e a aventura continua / Guillermo Cabrera Infante ; tradução Gilson Baptista Soares. - 1. ed. - Rio de Janeiro : Gryphus, 2016.
    184 p. ; 21 cm.   (Cinema ou sardinha ; 3)

    Tradução de: Cine o sardina
    Sequência de: Cine ou sardinha : parte I e II
    Inclui índice
    ISBN 978-85-8311-071-2

    1. Cabrera Infante, G. (Guilhermo), 1929-2005. 2. Cinema - História e crítica. 3. Indústria cinematográfica. I. Título. II. Série.

16-31315   CDD: 791.43
                                              CDU: 791
....

Direitos para a língua portuguesa reservados, com exclusividade no Brasil para a:
GRYPHUS EDITORA
Rua Major Rubens Vaz, 456 — Gávea — 22470-070
Rio de Janeiro — RJ — Tel.: (0XX21) 2533-2508
www.gryphus.com.br — e-mail: gryphus@gryphus.com.br

A José Luis Guarner
in memoriam

Sumário

A CINEMATECA DE TODOS

"Imago mundi"... 1
A invasão das cores vivas............................... 6
Chaplin ressuscitado (pela televisão).................. 11
O que aconteceu com Harry D'Arrast, o gênio basco da comédia
americana?.. 21
Século e segredo de Groucho (1885-1995)................ 28
Variações sobre um enigma.............................. 34
Eu também conheci Samuel Fuller........................ 45
Lang e os Nibelungos................................... 50
O primeiro voo da geração perdida...................... 54
O metrô de Budapeste................................... 59
Três eram (são) três................................... 62
Em um lugar do inferno................................. 65
De entre os zumbis..................................... 70
Em série mas *sui generis*............................. 73
Homenagem a "A morte num beijo", que é a obra-prima absoluta
dos filmes B... 76
A estrela que caiu do céu.............................. 81
As tribulações do aluno Yentl.......................... 86
O filme negro em preto e branco........................ 90
"La plus que noire".................................... 96
O brilhante Brian (De Palma)........................... 103
A outra face de "Scarface"............................. 107

E A AVENTURA CONTINUA

Indiana Jones e companhia no Templo da Perdição 119
King Kong que vem do âmbar 124
A caça do facsímile. 128
"The Lynch Mob" 134
Mulheres que filmam. 145
São Quentin Tarantino 152
Através do mundo de Abbas Kiarostami 159
O indiscreto segredo de Pedro Almodóvar 164
Por um final feliz 172

ÍNDICE ONOMÁSTICO. 173
ÍNDICE DE FILMES, PEÇAS E LIVROS. 181

A CINEMATECA
DE TODOS

"Imago Mundi"*

Tudo começou com uma brincadeira e um belga. O belga, como os verdadeiros videntes, era cego e contudo foi o primeiro a investigar os princípios da persistência da visão. Como se sabe, este é um fenômeno ao qual se deve principalmente a possibilidade do cinematógrafo, invenção que projeta figuras fotografadas em constante movimento. Este defeito do olho humano é a retenção momentânea de uma imagem na retina, onde permanece na visão segundos depois de ter desaparecido (ou é suplantada por outra imagem) para permitir a ilusão de movimento.

Não creio que escape ao leitor que a palavra chave aqui é *ilusão*. Sem ter que penetrar na caverna de Platão, essa espécie de Altamira das almas. Ou olhar pelo buraco negro onde se podia ver com clareza o futuro escuro em Delfos. Ou convocar Tirésias (que foi por certo o primeiro transexual: ao atacar com seu cajado duas serpentes que fornicavam ao sol foi transformado em mulher, mas essa condição de homem-mulher ou de mulher-homem lhe permitia prever a sorte de homens ou mulheres — tipo de pergunta de grego: "Quem ganhará a maratona?", tipo de pergunta de grega: "Quem roubou minhas almofadas?" — já que Tirésias-todo-tetas podia enxergar mais longe por não ter olhos), convocar agora Tirésias-do-báculo para agradecer a este pioneiro belga, ao qual poderíamos chamar de Cego das Maravilhas, por haver inventado o que ele mesmo teve o tino de batizar como Fantascópio — literalmente "para ver fantasias". Esta brincadeira, ou esta máquina maravilhosa, produzia aparentes imagens em

---

* A expressão "imagem do mundo", de cunho medieval, está, coisa curiosa, na origem do descobrimento da América. Com ela quero invocar o mundo da imagem.

movimento para converter-se no antecessor direto do desenho animado que nos permite hoje acender a lâmpada que ilumina *Aladim* segundo Disney. O Fantascópio é considerado o mais antigo antecedente do cinematógrafo. Esse iluminado, que por sua vez iluminou Hollywood, chamava-se, como convém a um homem destinado à fundação do cinema, Joseph Plateau.

Dessa bolota belga cresceu a frondosa árvore da sétima arte. Um de seus ramos é a televisão que, curiosamente, tem entre seus elementos eletrônicos uma válvula em forma de bolota. O cinema (quem pode negar?) é a arte do século XX — e será também do século XXI. Esta enorme máquina de produzir imagens gerou uma nova forma de cultura e muitos termos do jargão do cinema são essenciais hoje em dia à comunicação. As palavras *close-up, star, thriller* são de uso comum, desde Los Angeles, onde se originaram, até onde os anjos não se aventuram: no domínio da linguagem. O teatro, que a princípio acreditou poder dominar o cinema através dos atores, terminou dominado pelo *glamour* que emanava da tela como exsudado de prata: hoje as pessoas vão ao teatro para ver, em carne e osso, os adorados fantasmas do cinema. Quando em 1948 estreou *Hamlet* de Laurence Olivier, homem de teatro, calculou-se que mais pessoas veriam a película do que as que viram a peça desde sua estreia em 1602. Não só o seu *Henrique V* como também *Macbeth* e *Otelo* (ambos de Orson Welles), não eram versões de Shakespeare mas sim o último destino do teatro elisabetano. Assim toda uma tradição teatral dependia de um invento, a câmera de cinema e a projeção de imagens fotografadas mas em movimento sobre uma tela — que foi a *mise-em-scène* fatal que acabará com a cena, levada a cabo por dois fraternos franceses, os irmãos Lumière, os dois espertinhos aos quais se deve perdoar porque não sabiam o que faziam. Um giro de dados, como bem sabem os batoteiros, não abolirá a cultura, mas um giro de manivela mudará, mudou, não só a cultura, mas um giro de manivela mudará, mudou, mudou, não só a cultura como também a percepção das coisas. O cinema foi além disso uma poderosa arma de propaganda não para mudar a vida, como pedia Rimbaud, mas sim para dominar o mundo, como disse Adolf Hitler pela boca de Goebbels, seu ministro da propaganda e luzes (atenção a este título), e o provou a bela e perigosa Leni Riefenstahl com apenas dois documentários. Os comunistas, claro, não ficavam atrás. Foi Lenin quem disse a frase torcida para que seus sequazes a entendessem direito, ou seja, à esquerda: "O cinema, de todas as artes, é a que mais nos interessa." Fidel Castro, mais militar que militante, disse: "O cinema é nossa melhor arma." Mao Tse-Tung tinha o cinema em tão alta estima que se casou com uma atriz. Por sua vez, essa versão moderna de Madame Dragão, via cinema constantemente (de Hollywood, claro) para seu prazer e alegria. Mussolini, por sua vez na arte, criou a Cinecittá, que fabricou alguns dos melhores diretores do cinema italiano. De Sica, Rossellini e até o aristocrata comunista (um oximoro perfeito) Luchino Visconti colaboraram com o Duce em sua labuta de amor e ódio. Franco, já sabemos, foi ainda mais longe e não só amava o cinema como espectador mas também, como Faulkner e Fitzgerald, escreveu roteiros de cinema. Enquanto isso, na Argentina, uma atriz medíocre, Eva Duarte de Perón, teve aquilo por que sempre ansiaram as estrelas: um público cativo e, por um tempo, cativado.

O cinema não só havia mudado a cultura como também todas essas subculturas antes mencionadas (nazismo, comunismo, maoísmo, fascismo, franquismo, peronismo), dirigidas primeiro ao predomínio e depois ao domínio total, teriam sido diferentes, caso tivessem diferido, literalmente, *cine die*. E o que é que se pode pensar de uma obra teatral chamada *O encouraçado Potemkin*? Que teria sido de *O triunfo da vontade* como ensaio político? Teria Franco, esse baixo contínuo, escrito um poema épico para chamá-lo *Raza*? Pensem nisso.

Em outra direção da cultura, fascistas declarados com T.S. Eliot, seu mestre Ezra Pound e o mentor de ambos, William Butler Yeats, três poetas puros, lamentavam a existência do que eles consideravam baixa cultura, sem perceberem que a alta cultura, neste século de chacota, soava às vezes como alta costura. Eliot se queixava em todos os seus ensaios (e no que concerne ao ensaio que se o diga), se lamentava, como Unamuno se lamentava pela Espanha, ao passo que Hamlet lastimava a Dinamarca, que eram todos um grande lamento pela cultura, que de elevada passava a ser anã. Eliot ao mesmo tempo trocava cartas amorosas com Groucho Marx e entesourava uma foto do cômico, *solicitada*, em que tinha um bigode pintado, sobrancelhas de betume e na mão um charuto fumacento. Os três, Eliot, Pound e Yeats, eram antissemitas, mas este Eliot elitista se comunicava com um comediante judeu educado em um gueto de Nova York: não se podia surgir de mais abaixo para fazer, *ser* cultura e ser adorado por um mandarim meticuloso.

Não existem altas nem baixas culturas, como sabemos. A cultura é uma só, porém como se pode apreciar Homero, Petrônio ou Dante sem ser graduado em humanidades ou conhecer o dialeto florentino em que está escrita a *Divina comédia*? Quero fazer um pouco de autobiografia, que é sempre uma história íntima. Fui criado em um *solar* havanense, em condições de pobreza que relatei em outras partes sem arte. Enquanto fazia bacharelado, quando só me dedicava à prática do beisebol e a uma ou duas garotas que passavam tão lentas para que meu olho ubíquo as focalizasse, ouvi um professor que era um elitista pedante, mas que amava a literatura, cuja história repetia com sua fala prolixa. Este professor falava de um herói que regressava a sua casa após dez anos de exílio (como ia saber na época o que significava essa palavra agora íntima como uma faca cravada na consciência?) e só era reconhecido por seu cachorro. O que mais me comoveu na narração foi que o cachorro morreu momentos depois de ter reconhecido seu dono. Para mim, tão amante dos cachorros que sempre odiei que fossem chamados por esse nome, essa história de Ulisses, pois era esse o nome do herói, e seu cachorro Argos, se converteu em minha biografia. Quer dizer em minha vida, que mudou para sempre quando frequentei os livros, esse livro. Esqueci a vida dos heróis do beisebol e troquei o campo onde se pratica esse esporte pela biblioteca em que os livros foram mais que um campo, foram um tesouro. Eu disse antes e digo de novo, já que sempre me repito: assim, com os olhos de um cachorro que morre, minha vida mudou. Se não acreditasse que a cultura é de todos e para todos, vocês teriam que me perguntar: e o que faz o rapaz que eu era num livro como esse?

Não quero terminar sem falar da televisão, essa rádio em imagens. Antes era costume de certos intelectuais, que deviam escrever esse nome com agá, insultar o cinema. Lembro de um poeta catalão, uma coluna dorsal desta cultura nesse tempo, dizendo-me quando o convidei para ir ao cinema: "Jamais vou ao cinema", cheio de desprezo. Este era um poeta, mas a frase era repetida sempre, palavra por palavra, por um escritor madrilenho. O poeta que odiava o cinema dizia também, como se a frase fosse seu lema: "O inglês é um idioma de bárbaros." Já vem coisa, estou vendo. Contudo, agora é possível ouvir outro mestre da cultura dizer, repetir com um arroto: "Eu não vejo televisão." Pois bem, ele é que sai perdendo! Como perdiam outros antes, em relação ao cinema. Mas essa não é a questão. A questão é que haja um clima cultural que não permita tais arrebatamentos sem responder: "Somos chatos!"

Quero dizer que se a televisão, como fazem alguns canais, não fizesse mais que repor filmes velhos (esse é o termo usual, embora ninguém fale de livros velhos mas sim de livros de velho) estaria justificada. O vídeo, que é uma raiz adventícia da televisão, nos permitiu, nos permite, cada dia e cada noite, ver essas películas velhas que são eternas. Nos permite, todos sabemos, embora as autoridades pretendam o contrário, gravar, passar, repor, fazer reviver, viver de novo, a glória que foi Ginger Rogers em movimento, a arte de Fred Astaire, a dramaturgia de Orson Welles, as tragédias de John Ford, as comédias de Howard Hawks e entre eles a presença leal de John Wayne — e mais, muito mais.

Aqui entre nós, e sem que saia deste livro (que não fique sabendo esse Big Brother que não vê televisão mas que nos vigia para ver quem está ligado nessa Altamira atual), quero dizer que sou o orgulhoso possuidor de uma videoteca de mais de mil filmes — todos em versão original. Agora a televisão e o ainda mais maravilhoso aparelho de vídeo nos permitem, a vocês e a mim, ter uma cinemateca própria — que foi o sonho de Henri Langlois e o pesadelo dos produtores de todo o mundo, unidos, que têm tudo a perder, até seu direito de cópia. Se somente essa cinemateca de um só, ou de uma só família, fosse a única contribuição da TV para o prazer de todos, sua invenção de uma bolota que se transforma numa frondosa árvore de imagens, estaria justificada, porque o prazer deve converter-se em haver na cultura.

Víctor Erice, eminente cineasta espanhol, que prestou uma das mais notáveis homenagens que o cinema possa fazer à pintura em seu retrato de Antonio López, que pinta o retrato de uma macieira, Erice assim diz: "O dia não se apaga quando o sol se põe. O dia se acaba quando se apaga a televisão." Esta frase, que é uma imagem, vale por todas as minhas palavras.

A INVASÃO DAS CORES VIVAS

Os estados totalitários reescrevem a história e às vezes retocam as fotografias, como na trágica vida de Trotsky.
O capitalismo não retoca as fotos, apenas as colore. Lembro que no longínquo povoado de Cuba onde nasci, flor e espinho do terceiro mundo, aparecia de vez em quando um forasteiro carregado de mágicas e com uma maleta negra que, ao ser aberta, reluzia cores como um arco-íris dentro de um ataúde. Este visitante periódico era uma presença mitológica porque revelava uma visão do passado que todos haviam esquecido: como eram realmente os mortos. O viajante, que era um artista e se apresentava como tal, se distraía a colorir, ou melhor, iluminar as fotos velhas. À época, todas as fotos eram velhas ou, o que é pior, assim pareciam. O retocador, que não era outra coisa, se oferecia por uma quantia módica para restaurar o que as fotos nunca tiveram. Ou seja, a cor. O visitante coloridor se anunciava como animador do inanimado. "Posso", assegurava, "dar vida às suas fotografias?" As fotos sempre foram consideradas mortas em meu povoado ou talvez apenas carentes de vida. De calor, de cor. As fotos velhas estavam mortas antes da aparição do mago com suas cores. O artista viajante era na realidade um iluminista do outro mundo no terceiro mundo.
Minha mãe quis colorir uma foto de seu pai, que estava vivo mas, ao divorciar-se (ou apenas separar-se) de minha avó, ela o desterrou ao esquecimento, que era como um limbo: "Para mim está morto e enterrado", dizia sempre que via sua foto em preto e branco. Para minha avó não cobrou vida colorida com cores que nunca teve: seus olhos se tornaram amarelados, seus lábios cor-de-rosa. Minha mãe, que adorava o pai, pendurou o quadro no lugar mais proeminente da sala. Quando meu avô por fim morreu, minha mãe costumava dizer de sua imagem em cores:

"Parece que está falando!" Desde então para mim uma foto colorida era como um renascer ou um regresso de entre os mortos. Até agora.

Acabo de ver na TV inglesa um programa do movimento *gay* que se anunciava, de Oscar Wilde a Allen Ginsberg, próprio de pederastas e poetas. Já no próprio anúncio havia uma foto de Walt Withman, poeta e pederasta. Whitman merece a defesa que lhe foi feita por Lorca em *Poeta en Nueva York* ("velho e glorioso Walt Whitman"), mas na foto, que foi transmitida num íntimo grande plano, Whitman aparece em 1865 reduzido a um familiar Walt: os olhos azuis, os lábios pintados e um leve colorido nas faces. Whitman se sonharia em cores mas nunca apareceu assim, como Dirk Bogarde em *Morte em Veneza*. Não em público, pelo menos. Trata-se de um milagre da técnica colorizante que torna o cinza rosa, o negro vermelho e o branco uma cor a escolher. Sem dúvida com uma nova versão do visitante com uma maleta negra que parecia o estojo de um violino que pode conter um Stradivarius ou estranhos vírus.

Mas logo um domínio que parecia reservado às imagens em preto e branco se colorizará se não com todas as cores do arco-íris, pelo menos com as cores do amarelo ao magenta. Agora nem todas as películas profissionais são em cores, mas ainda se colorem algumas que eram em preto e branco. Os sonhos são sempre, ou quase, em preto e branco e só os sonhos excepcionais desfrutam da cor, sobretudo do vermelho, do escarlate que é a cor do pecado. As películas eram todas, ou quase, em preto e branco e eram como os sonhos. Eram os nossos sonhos. Rara vez, *rara avis*, rara visão, esses sonhos foram em cores. Freud crê que só as mulheres sonham em cor, mas Freud soa a fraude, às vezes: eu sonho em cores com frequência e isso não me faz mais mulher que minha barba. Chegaram logo ao cinema tempo de confusão em que os sonhos se tornaram se não vermelhos, pelo menos cor-de-rosa. Como na mais torpe literatura, a magia do cinema foi substituída pelo realismo, ou pior, pelo naturalismo. Visitava o cinema a alma Zola. Com a avalanche de cores que se apresentou antes, já transformaram o macabro mestre Hitchcock, em preto e branco no original, uma espécie de múmia móvel, em ataduras apenas sujas. O retocador conseguia melhores efeitos. Era vil, era bílis, mas ao menos era uma apresentação de seu programa de TV. Ali *in anima viles*, Hitchcock se convertia em Hitch, um introdutor do além-túmulo onde o túmulo o encontrava impávido. Mas o que acontece quando se escolhe uma obra-prima em preto e branco como *A felicidade não se compra* de Frank Capra e se a transforma numa torpe versão de si mesma: o *remake* que nunca existiu. É como dar-lhe a cor dos desenhos de Leonardo e a dos gravados de Doré. É, como dizia William Blake, uma odiosa simetria. Que pensam os espectadores, juiz e jurado, desta chuva de cores? Os espetadores de TV raramente pensam, mas submetidos a um *survey* quando uma companhia a cabo privado em Nova York exumou *Canção da vitória* com o duro James Cagney de uma ponta em branco (e preto) convertido em um vulto de cor indefinida, os espectadores inundaram a emissora com petições, que chegaram a 61%, querendo ver mais "filmes velhos", essa é a frase, "reverenciadas", essa é a palavra. A emissora, nem curta de cabo e nem negligente com o dinheiro, encomendou mais de 100 películas das filmotecas da MGM e da Warner, precisamente ali, onde o preto e branco se fez de prata, para colori-las "ao gosto do consumidor". Um executivo declarou: "Não tentamos converter os maus filmes em bons. Tentamos simplesmente fazer os grandes filmes melhores ainda, se cabe aqui." Se cabe, cava-se e tumbas viram abóbadas.

A operação de colorizar obras-primas do cinema (e ainda obras menores) recorda a prática de pintar por números (Picasso 70, Gauguin no Taiti, 380, Van Gogh sem orelha, 700) ou, melhor ainda, o entretenimento infantil de animar furtivamente o material escolar com lápis e cores que farão dos livros de história, tão cinzentos, uma historieta colorida. Embora haja nestes promotores o mesmo respeito pela história do cinema que têm os estudantes pela outra história: não há nada gratuito na operação. Trata-se em todo caso de conseguir viajar do cinza ao verde que tanto anima as notas de dólar. Diz um desses colossais coloristas com algo mais algo menos de uma desculpa: "O que preferem? Uma película pura esquecida e coberta de poeira nas prateleiras do estúdio ou que seja vista por uma quantidade de telespectadores porque está colorizada?" O argumento é digno de Hitchcock quando dizia: "Mas não é nada mais que um filme."

Mas a guilda de diretores americanos chama este processo de "um ato de vandalismo cultural e uma distorção da história". Algum Heródoto dirá: "A história sempre se ilustra." Enquanto isso, Woody Allen, que filmou quatro de seus sete últimos filmes em preto e branco, não teve um chiste nos lábios mas sim uma queixa na boca: "É uma mutilação de uma obra de arte e ao mesmo tempo um ato de desprezo pelo público. Billy Wilder, sempre cínico, declarou o procedimento "um caso de lógica em preto e branco." Martin Scorsese, que tem uma memorável película novidadeira em preto e branco, *Touro selvagem*, disse furioso, ao ver a cor vermelha: "Os filmes em preto e branco serão destruídos por este processo, é uma loucura fazê-lo para conseguir público." Mas não é este fim o meio em que se faz toda película? Um diretor de menor estatura, Jeremy Paul Kagan conseguiu sair à altura: "É como pintar de azul os olhos de *Davi* e dizer que certamente agradará Miguel Ângelo."

O procedimento está longe de ser perfeito, mas não as intenções técnicas. Cada película escolhida se transfere eletronicamente para um vídeo que degrada, esta é a palavra, seus componentes em preto e branco até convertê-los em reduções a uma gama de cinzentos. Um "diretor de arte" (que nunca participou da feitura de uma única película) senta-se em seu console e se consola escolhendo as cores (é um eufemismo técnico: todo tom sépia vencerá) para cada rosto, cada roupa, cada acessório e cada cenário. Cada cor é "pintada" quadro a quadro em uma espécie de animação por computador. Cada fotograma fica assim reanimado. As cores até agora parecem gastas e abundam as terras (como em toda arte pedestre mais que telúrica), tudo muito parecido com um velho sistema de cor chamado Trucolor (ou seja, cor verdadeira) que causava risos então ao Tecnicolor — que uma vez foi uma forma de Trucolor. Mas os velhos espectadores, vivos que somos, sabemos com que rapidez as tecnologias avançam e se refinam no cinema. Não há mais que ouvir o som de *O cantor de jazz* de 1927 e compará-lo com as trilhas sonoras de apenas três anos depois. As técnicas também costumam ser avassaladoras, como demonstrou o Cinemascope, formato que a princípio era execrável e ainda está em uso. O exemplo mais à mão do aluvião tecnológico sonoro se pode observar na arte de Charles Chaplin.

Recusando-se de pronto a admitir o som ("Se continuarmos assim", declarou, "logo haverá filmes com cheiro", Chaplin tornou-se em pouco tempo o mais sonoro dos diretores e o mais tagarela dos atores.

É este o fim do preto e branco? De modo algum. Enquanto houver olhos, haverá cores. Mas outra tecnologia, a fita de vídeo e sua máquina produtora e reprodutora, tão similar, permite ver, gravar, conservar e voltar a ver quantas vezes queira o aficionado das obras-primas do cinema em preto e branco, mudas ou faladas, antigas ou modernas com uma facilidade que é uma felicidade. A TV, tecnologia bem diferente do projetor de filmes, se converteu, apesar de si mesma, em um grande museu do cinema. Por outro lado, fica o feio aspecto físico das cores. Acertou em cheio o diretor George A. Romero, egresso de Hollywood, que fez um filme de horror chamado *A noite dos mortos-vivos*. Romero é autor deste epitáfio para fantasmas em preto e branco ressuscitados em cores. "Os atores desses filmes parecem, acho, mortos vivos." Será este exorcismo suficiente para impedir a invasão dos maquiadores de cadáveres? Quero avisar-lhes que a foto de meu avô recuperou com o tempo sua cor original. Trotsky, por sua vez ainda espera um restaurador.

Chaplin ressuscitado
(Pela televisão)

Em maio de 1968 fui a Paris por causa de um roteiro pronto e um filme que nunca fiz. Ali, na cidade dos Lumière, enquanto conversava calmo na Place du Beret Rouge, ao fundo se ouviam ruídos surdos e emblemas cegos: leituras de *A educação sentimental* em Braille, sem dúvida. Me despedia assim no bistrô perto de um escritor sul-americano (cortar o azar), ao qual disse como despedida. "Tenho que ir. Quero ver *O homem das novidades*." Vi o autor então perguntar: o que é isso? "Uma comédia de Buster Keaton", disse e acrescentei, um erro, um horror, uma explicação não pedida: "É sem dúvida o maior dos cômicos silenciosos." (*Ah, accusatio manifesta!*) O escritor, expositor, riu um riso de seu lábio imberbe para dizer displicente: "Sim, Keaton parece estar na moda agora. Ignorava meu opositor de ocasião que Demócrito chegou a dizer, materialista absoluto, que não existe mais que moda e vazio. Tudo que não é deixa de ser ou foi, foi moda e a mesma moda é moda, sai de moda ou é *démodé*. Na moda estavam *esse* ano em Paris, além do gênio visível de Keaton, a minissaia que já baixava, *le glamour a anglaise de Mary Quant*, o esperado espanhol Paco Rabanne substituía, com um golpe de dons que não aboliria a moda, Balenciaga já infausto e Courrèges de plástico e meleninhas. Estavam em moda atrasada o último álbum dos Beattles que havia sido "um tiro" (expressão em moda na Havana teatral de antes) o ano anterior em Londres (a moda cruza o canal), Jane Birkin havia ido a Paris (o canal inglês busca a moda) para mugir de amor longínquo em um disco — imaginem! — escandaloso, uma balada de Lennon e McCartney que precisamente fazia Joe Cocker rugir de raiva, *Beijos proibidos* roubava aplausos, *Eu te amo, eu te amo* envergonhava o Clube de Amigos de Resnais, Godard ia morro abaixo na sua filmagem e esses ruídos parasitos no *background*, agora tão históricos quanto históricos, tão em moda, passariam ao desvio, logo ao desviacionismo e finalmente ao desvão do esquecimento — como essa mesma primavera, fosse de Praga ou de Fraga ou de pernas de fora. Tudo passa e se faz passado — até a prosa de Proust. O escritor explícito, alçado como um deus argentino então — seria deixado logo de lado e deixaria de ser meu amigo tão logo (graças à biologia hormonal) mudara de sexo e deixara crescer uma barba revolucionária — muito na moda, além disso. Se transformaria assim no Che Guevara do conto curto, *tout court*. Ou talvez Xerazade?

Mas o terceiro argentino tinha sua razão: esse ano e outros atrás Buster Keaton já era obra póstuma e havia deixado de sê-lo Charles Chaplin em vida. O cômico mais famoso da história do cinema (ou da história, ponto) pode ter dito uma vez, com John Lennon, antes de ser assassinado pela fama: "Sou mais famoso que Jesus Cristo!" Chaplin havia sido com efeito mais que Cristo e mais ainda que Marx e Freud, todos judeus. Havia sido, inclusive mais famoso que John Lennon e todos os Beatles juntos. Quando Churchill se deixou chamar Winnie por Ringo Starr? Stalin, no Kremlin, ria com Cantinflas e carregava Svetlana nos joelhos vermelhos e exclamava com cotoveladas "*Joroschó*". (Pressentiria talvez Khuschev?) Até o próprio Hitler (bufão, ariano, sectário, havia copiado o bigodinho e sua melancólica comicidade impensada. (Alguém em seu mais desatado pesadelo, teria imaginado Átila querendo parecer com Carlitos? (Ah, história indigesta!) Chaplin, Charlie para elas, foi além disso amado e amante de incontáveis mulheres, boas, belas, muito garotas, algumas meninas (*thanks Hollywwod for littles girls*) e casado contadas vezes: uma com Oona, mulher muito jovem, filha de um gênio, atrativa, atraente, com quem teve filhas de talento, equilibradas (uma era equilibrista) e até filhos da moda (*happy hippies*), e retirado na Suíça seria armado cavaleiro por um país que desertou. Ainda viveria quase dez anos entre os projetos a realizar, a falsa farra do sobrevivente de todos os barcos a pique (um capitão deve sempre nadar entre naufrágios) e o último limbo da senilidade. Oh, cruel Svevo, Zenão ancião!

O daltônico Karl Kalton Lahue, em *O mundo do riso*, diz e contradiz: "Nenhum comediante em toda a história da comédia no cinema recebeu uma exposição semelhante nos últimos 50 anos." (Cinquenta anos de quê? De sua vida? Do cinema? Os historiadores do cinema têm às vezes a imprecisão de gazeteiros em dia de semana.) Buster Keaton, o Trotsky da comédia (era Chaplin então o Stalin?), favorecido agora pelo que Brownlow chama de "revisionismo histriônico", na vida e no cinema e do cume caiu (e calou) no fosso de um filme mais medíocre ainda do que o anterior: arruinado, bêbedo, divorciado, bêbedo, solitário, bêbedo — e já na reta final, escritor de esquetes visuais para medíocres cômicos da língua, exposto ao ridículo, objeto de nostalgia e, como ator, "figura de cera, com quem jogar *bridge* (com sua cara de pôquer!, que o crítico James Agee chamou da mesma "beleza americana" que a de Lincoln) com Gloria Swanson e H.B. Warner ("o homem que foi Cristo", segundo Cecil B. De Mille) e finalmente um patético (quando Keaton foi sempre peripatético) maquinista de trem em *A volta ao mundo em 80 dias*, no qual, reduzido ao epigrama de Warhol, invertido, que disse que todos devíamos ser famosos por 15 minutos, ele foi infame durante 15 segundos! Nem a homenagem de Samuel Becket, o mais trágico dos escritores modernos, o salvou da morte do desastre que pode acontecer a um gênio cômico que vai a caminho do fórum em muda saída de cena. Contudo, Chaplin, como Stravinski disse de Schoenberg, teria podido dizer: "Minha é a fama e a riqueza, sua foi a obscuridade e a ruína física e fiscal — porém, de quem realmente é a arte?" Chaplin devia ter sentido este temor quando, depois de ver Keaton em *Sunset Boulevard* (tão justamente intitulado na Espanha de *El ocaso de los dioses*), fez um duo para veteranos do *vaudeville* da vida, arcaicos ambos. Keaton dominou a sequência com tal destreza e limpa precisão que Chaplin decidiu deixar a maior parte deste exercício estético, como se diz, no subsolo da sala de corte e edição. Agora (um lance de dados que não abolirá o azar da arte) três películas feitas para a TV comercial inglesa mostram que, se Chaplin podia ser cruel com Keaton, era também capaz de ser implacável consigo no cinema — quer dizer, na arte.

Charles Chaplin (no cinema "Charley", "Carlitos", ou "homenzinho") estava morto anos antes de morrer: para a arte e, precisamente, para a vida — e ainda para a viúva. Veio a salvá-lo para imortalidade agora esse museu móvel do cinema que é a televisão (e sobretudo os aparelhos de gravação instantânea: os *video-tape recorders*, mais valiosos para o cinema que o ritafone, que criou o filme sonoro e revolucionou esta arte do século XX), com dupla e tripla ironia. O homenzinho, que havia detestado, repelido e negado no ato o cinema falado durante duas décadas, assegurou antes de morrer a venda mais lucrativa de todas as suas comédias curtas para a televisão tagarela e grosseira em uma jogada comercial astuta e oportuna: assim era Charles Chaplin como homem de negócios. Néstor Almendros, fotógrafo de fama, foi pouco depois, junto com o diretor Peter Bogdanovich, fazer-lhe um perfil documental em sua casa na Suíça e o mais ilustre morador de Vevey, bem vivo, recebeu os visitantes na porta. Mas, quando lhe disseram que vinham fazer uma película sobre o grande Charles Chaplin, o homem baixinho, meio ruivo e grisalho, esfregou as mãos e disse, entusiasmado: "Ah, que bom!" E deixou os cineastas paralisados com esta declaração: "Assim também poderei conhecer Chaplin!" Não era uma ironia inútil nem uma *boutade* barata: Chaplin simplesmente não recordava ter sido *um dia* Charles Chaplin!

Quando este bufão móvel, ágil acrobata e divo dançante (W.C. Fields, outro maníaco de coordenação motora, disse dele ao vê-lo pela primeira vez, ao prestar-lhe homenagem exclamando: "É um corno que dança balé!") foi receber o título que lhe faltava (*sir*) e que lhe importava mais que tudo e teve de ir ao palácio de Buckinghan receber o Oscar real em uma cadeira de rodas, produziu um comentário filosófico: *vita brevis*! Mas esta série de televisão, feita de tomadas refugadas, copiões e sequências descartadas, *Unknown Chaplin*, mostra que a vida de Chaplin seria, como a de todos, breve, mas o cinema de Charles Chaplin, como o de poucos, é *ars longa* — e o será ainda por muito tempo. Esta recompilação, escavada da tumba de celuloide do cômico do bigodinho, o chapéu-coco barato, o fraque apertado e em frangalhos e a bengala fina de bambu e os sapatos toscos, absurdos, canhestros foi — não, é — um dos grandes artistas do cinema, do século e (por que não afirmá-lo?, depois de tudo não arrisco mais que o riso) daqui para a eternidade — que pode estar nestes tempos atômicos, ao dobrar da página: feito em pedaços. Ou, como queria Demócrito, átomos e vazio.

Kevin Brownlow (a quem devemos, como historiador do cinema, o livro *The Parade's Gone By*, "Passou direto o desfile") e a série televisiva *Hollywood*) e seu associado David Gill conseguiram produzir agora para a TV comercial inglesa com *Chaplin desconhecido* o que, na música, Mendelssohn fizera com Bach: resgatar um gênio de entre os mortos. Chaplin, deve-se admitir, pela moda ou o uso e o abuso, havia caído em desuso. Na comédia, até Laurel e Hardy pareciam mais frescos, inventivos e eficazes: em uma palavra, cômicos. Chaplin soava sujo, abusador e aproveitador, como personagem, e pedante, sentimental e manipulador, como criador, e até visualmente, junto à simplicidade heroica de Keaton ou o barroco dickensiano e doméstico de W.C. Fields, se via vitoriano baixo e torpe na solução de seu espaço cômico. Agora, nesta série de três episódios, com cópias novas de cada fragmento, Chaplin surge, ressurge, refulgente, enquanto seu fotógrafo de sempre, o modesto Rollie Totheroh, demonstra ser um dos grandes diretores de fotografia de todos os tempos. Como comenta, pausada e ponderadamente, James Mason (que narra o comentário de Brownlow — ou é de Gill?), Totheroh era mais que um fotógrafo: era o segundo a bordo e, em ocasiões de naufrágio, o primeiro oficial com a cabeça sempre ao nível da água.

A série faz uma dissecação (e as metáforas cirúrgicas são inevitáveis: esta é uma anatomia do gênio) de uma das melhores comédias de média metragem de Chaplin, *O pastor de almas*. Aqui a vemos converter-se de um esquete indeciso sobre um restaurante onde os fregueses que não pagam perdem os dentes por abrir a boca e não a carteira, transformar a história de amor de um imigrante e dar mostra (e rédea solta) de seu patetismo preferido e de passagem fazer do filmezinho uma de suas obras-primas menores.

Chaplin trabalha, a princípio e ao contrário de seus anos finais, sem roteiro e às vezes sem ideia do que deve fazer exatamente. Como na famosa "Dúzia do Milhão", em que a produtora Mutual pagou um milhão de dólares, na época uma cifra alarmante, por doze filmes. Aqui se mostra como Chaplin, que havia visto um *escalator* em uma loja de Nova York, mandou construir uma escada rolante no estúdio e, brincando diante da câmera, converte o mero invento mecânico em uma invenção cômica inesgotável. Esta foi a primeira vez em que a escada rolante, logo usada em tantos filmes de perseguidos e perseguidores, foi empregada no cinema. Como tantos truques cinematográficos, seu uso primordial foi fazer rir.

Em Hollywood (nos tempos do cinema mudo e sobretudo antes de a Cidade de Todos os Anjos transformar-se em subúrbio de todos os demônios) usava-se o incinerador para queimar toda película indesejável, positiva ou negativa. Este incinerador funcionava como nos campos de concentração, a toda hora e com um propósito criminoso: destruía-se tudo que se queria fazer desaparecer. As cenas que vemos agora (e oxalá vocês vejam em breve) mostram um criador em seu trabalho e nem sempre para seu benefício. Em *O balneário*, que se passa num *spa* para curar bêbados ricos, Chaplin experimenta todo tipo de situações para terminar com a película que conhecemos. Mas o final na verdade é banal e romântico, com Chaplin afastando-se (da situação) do braço da bela Edna Purviance. Um possível final agora mostra Chaplin caindo por acidente na fonte energética, enquanto Edna ri como uma louca.

Mas nesta coleção de fragmentos, esboços e estudos, na maior parte se vê o artista quando jovem: em seu trabalho. Com método doloroso (tudo tentativa e erro), Chaplin faz seus filmes diante de nós mesmos: reconstrói cenas, substitui atores, revisa o material (tudo com tomadas sucessivas, inúmeras, quase vertiginosas, mas de modo progressivo e metódico) e às vezes em saltos bruscos que são os golpes da inspiração. Às vezes Chaplin, como todo artista, faz dos defeitos efeitos e dos acidentes propósito criador. Mas nem tudo é facilidade (ou felicidade) criadora. Outras vezes se vê Chaplin suspendendo toda uma filmagem por uma tomada. Então passeia pelo *set* como um prisioneiro da arte. Nestes fragmentos que são quase cenas, Chaplin não está longe de Fellini ou de Antonioni em seu método de tentativa e erro: horror. Um momento único na história do cinema (visto pelo cinema) mostra Chaplin meditando e medindo passos pelo *set*. Todo movimento foi interrompido no estúdio, menos este passeio pensativo, e todo mundo está dependente do criador, em suspenso enquanto o próprio Proteu parece perdido esperando a chegada de uma musa tardia. Ou, às vezes, perdida no trânsito.

Devemos agradecer que esta série mostre as mulheres de Chaplin (menos Paulette Goddard, Claire Bloom e Dawn Adams, ou a fugaz e perecedora Marilyn Nash, protagonista de *Monsieur Verdoux*), todas jovens e belas — e algumas adolescentes adiantadas, como Lita Grey, a quem Chaplin conheceu (e a qual fez aparecer tantalizante em *O garoto*) quando tinha apenas 12 anos. Estuprador sortudo, Chaplin também conheceu Mildred Harris aos 14 anos e Joan Barry aos 17 (essas duas associações terminaram em escândalo) e até sua aparente esposa, Paulette Goddard, não tinha 20 anos quando se juntou a Chaplin. (Acho que Polansky devia tomar nota). Mas a aparição mais mágica de toda a série é a de Edna Purviance. Ela é vista ainda mais bela que nos filmes (lembrem-se de que se trata aqui de *out-takes*, tomadas descartadas) mas de uma figura quase trágica para os espectadores que a conheceram em seu esplendor e souberam seu fim (morreu em um sanatório anos mais tarde, esquecendo e esquecida e envelhecida pela droga), aqui a verão como uma garota deliciosa, companheira no trabalho e no dormitório de Chaplin: uma mulher quase feliz. Ela era, nota-se, como Carole Lombard depois, uma bela comediante com senso de humor — duplo milagre.

Em uma tomada da visita dos acionistas da companhia durante a filmagem de *O garoto*, vemos Jackie Coogan, o menino — prodígio — mais menino do cinema, bailando com uma menininha, uma dança de contorções lúbricas aos quatro ou cinco anos, enquanto Chaplin ri e os acionistas aplaudem. É em *O garoto* que se vê pela primeira vez a adolescente Lita Grey, porém mais perto de Chaplin, que nestas cenas deixa de ser CH.CH para ser H.H., iniciais de Humbert Humbert, o estuprador de Lolita.

Em busca do ouro é a obra-prima do Chaplin mudo e um dos seus filmes mais complexos (só superado por *Tempos modernos*) e a série mostra sua construção e filmagem com demorado detalhe. A fita começou de uma maneira realista, ou se preferem, neorrealista — antes que esta palavra significasse Rossellini, De Sica *et al*. Chaplin foi com sua trupe e seus técnicos (e até convidados) ao Yukon, para filmar a neve na neve, que nem sempre é a melhor maneira de mostrar a neve no cinema. Naturalmente (ou ao natural) não pôde utilizar mais que o começo com os garimpeiros na neve e no desfiladeiro nevado entre as montanhas. Mas esta cena tem mais a ver com Jack London do que com Londres, a cidade onde Chaplin foi criado e onde nasceu o seu humor: entre *cockneys* e *fish and chips*. Chaplin, notório em seu senso de humor tanto como pelo da economia (a que nunca quis chamar de sexto sentido para não desgastar os outros cinco), despendeu uma fortuna (própria e não alheia, como Orson Welles e Coppola) na reconstrução de cenários no estúdio e na substituição de atores (Lita Grey, sua mulher, estava grávida) para poder terminar sua comédia. A sequência mais memorável em que os dois garimpeiros, ilhados pela neve em sua choupana e angustiados pela fome, comem um sapato preto (que Chaplin prepara como um belo assado) se revela tão árdua para o estômago dos atores como dos protagonistas. O sapato compunha-se de alcaçuz (o couro), de massa (por cordões) e de caramelo (os pregos), mas o perfeccionismo de Chaplin fez com que as cenas tivessem que ser repetidas tantas vezes que o cômico foi para casa à noite com uma indigestão de "sapato assado na grelha"!

A série, que deixa ver os romances que permite Lady Chaplin e seus sucessivos matrimônios, também revela as dificuldades de suas atrizes — especialmente Virginia Charrill, que anos depois seria a primeira esposa de Cary Grant. Virginia teve que repetir uma única tomada vezes sem conta, durante horas, dias e *meses*! Não era mais que um gesto: quando a florista cega estende ao vagabundo uma flor porém não canta "Compre-me este raminho" porque a cena é muda, mas o raminho vale mais que um real. Não só pelas repetições (que são devidas às interrupções e não às perfurações), mas também porque Chaplin teve que pagar aos compositores espanhóis Padilla e Montesinos. Tudo por uma flor na botoeira que a florista não acerta. Cega a botoeira ou cega a atriz?

Este filme, que levou anos para ser concluído (um balanço de trabalho mostra Chaplin indo ao estúdio 166 dias e ausente, nem sempre por doença, 368: um ano e três dias sem fazer nada), parecia que ia ser o seu fracasso final — e foi um de seus triunfos totais: de bilheteria, de publicidade e de arte. Uma película caseira, resgatada por Brownlow ou por Gill, nos mostra Chaplin trabalhando uma única vez. Vê-se o cômico, em suéter e calças brancas (sua cor preferida detrás da câmera: Chaplin também era supersticioso com cores) usando um método caro (em ambos os sentidos) aos diretores que são também atores: ensaiando em câmera — ou seja, fotografando seu ensaio. Chaplin quis além disso, desgostoso com Virginia Cherrill e consigo mesmo, trazer Georgia Hale (que havia substituído Lita Grey com tanto êxito em

Em busca do ouro) e refazer *todo* o filme. Esta não é uma invenção da atriz. Os dois arqueólogos do cinema resgataram as tomadas em que Georgia Hale substitui Virginia Cherrill na cena culminante e final. Mas Chaplin não era Keaton e em seguida voltou à razão: no cinema, George Washington é o primeiro americano. (Washington é o patriota retratado para sempre no dólar.) Entre o suprimido está, assombrosa, a sequência com que ia começar *Luzes da cidade*. A perda para a película é a ganância da televisão e para nós agora: essa sequência é uma obra-prima do cinema cômico e do cinema *punto*.

Abre com a cidade agitada de gente que vai e vem para inaugurar sete minutos exatos (no cinema um tempo bem longo) de "comicidade sustentada", de inventiva e do humor menos visível em Chaplin: o do sorriso. No meio da multidão aparece o vagabundo: *tramp, tramp, tramp*. Ele foge do rugido mundano para abrigar-se numa rua lateral, junto a uma vitrine de roupas femininas, para parar sobre uma grade de ventilação. O ridículo personagem olha para todos os lados e descobre, sobre a grade metálica e apoiada sobre o *gridiron*, como se tostasse, uma tabuleta: um simples pedaço de madeira amarela, que brilha sobre o ferro negro como ouro de pinheiro — e logo será ouro do cinema. O vagabundo tira uma ponta da tabuleta com sua bengala para fazê--la desaparecer por entre a grade — e com esses únicos e simples elementos Chaplin consegue os mais inéditos, hilariantes e belos minutos de todo o seu cinema.

Esta lição de humor, de verdadeira arte angelical, nunca foi o começo de *Luzes da cidade*, mas é o grande fim de festa, o fecho de ouro, o toque final de *Unknown Chaplin*. É preciso deixar Kevin Brownlow, seu descobridor, nosso guia, Colombo de cinema mudo, dar seu veredito: *A great artist*. É sem dúvida uma nova admiração: não o velho servilismo de declará-lo sempre um gênio: é a admiração atual ante o artista. Este trabalho de amor contra o velho ódio que havia matado Charles Chaplin para mim (e para outros), seja ou não seja moda, fosse oportuna ou inoportuna, é, que dúvida cabe, uma ressurreição. É sábio que Chaplin ressuscitado termine aqui, nesta sequência sem consequência aparente. Desse pedaço de pau que desaparece na grade pública, da explicação graciosa ao policial que por fim aparece, um "já vai vê-lo" de gestos, há um salto sentimental por todo *Luzes da cidade* até a ecolalia demente de *Tempos modernos*. Antes de desaparecer para sempre o vago vagabundo na demência totalitária de Adenoid Hinkel: quando a comicidade alcança a sátira, inevitavelmente o cômico desaparece — e é que foi devorado pela política em *O grande ditador*. Esse momento é quando Charlot, Charlie, Carlitos canta pela primeira e última vez com a voz do inglês que sempre teve dentro e que parece seu ventríloquo, amante também do sim das menininhas — esse Charles Dodgson, aliás Lewis Carroll:

Ponka walla ponka waa!
Señora ce le tima
Le jonta tu la zita
Jeletú le tu la twaa!

O QUE ACONTECEU COM HARRY D'ARRAST, O GÊNIO BASCO DA COMÉDIA AMERICANA?

A história do cinema está cheia de minúsculas notas de rodapé, asteriscos feitos de poeira de estrelas e capítulos decapitados. Uma nota falsa notável foi dada pelo prometedor Monta Bell, que dirigiu a primeira película de Greta Garbo em Hollywood, *Os proscritos*, com argumento de Blasco Ibáñez, para desaparecer na escuridão atrás da tela. Um asterisco que foi uma estrela foi Henri d'Abbadie d'Arrast, embora para muitos no cinema chamava-se apenas Harry d'Arrast. Basco francês de origem, nobre de nascimento mas nascido na Argentina, a árvore genealógica de D'Arrast tinha suas raízes nas províncias vascongadas, seus ramos sobre o Pampa e deu frutos em Hollywood: o lugar mais improvável do mundo para enxertar este aristocrata elegante e desdenhoso. Terminou seus dias seco e torcido no castelo da família junto a sua esposa, a bela atriz Eleanor Boardman, que o deixou no final. Não sem antes fazer um filme na Espanha, que foi seu último fracasso.

Foi no cinema mudo que D'Arrast prometeu um talento inusitado em uma personalidade rara no cinema. Contudo, sua arte delicada e ao mesmo tempo demente mostrou seu melhor resultado no que é sua obra-prima, *Laughter* (1930). Esta *Risada* sonora foi a primeira comédia louca americana (o gênero se estendeu até mais além dos anos 1960 e o melhor filme de Robert Altman, *MASH*, se insere neste manicômio tagarela) e se revelou agora na TV como uma película que se pode ver mais de três vezes sem sentir a fadiga do tédio nem o repúdio do ódio em uma arte amadora, alegre e atual.

Outras duas fitas sonoras de D'Arrast, *Raffles* (1930) e *Topaze* (1933) são ainda memoráveis em um programa duplo de minha videoteca. Uma tem Ronald Colman com mãos (e voz) de seda, roubando cenas, e a outra apresenta John Barrymore entre estúpido e estupendo. Ainda mais memorável é o que D'Arrast pôde fazer em uma Hollywood adversa quando não perversa e povoada pelos mais improváveis vilões, não necessariamente refletidos na tela. Um deles, e não o menor, foi — surpresa! — Charles Chaplin. D'Arrast não podia ganhar e, contudo, seu *Laughter* mantém até hoje sua visível penúltima risada. (A última risada é a do espectador que ri na escuridão.) O filme surge agora do nada e qualquer um volta a crer no milagre do cinema: cada noite uma aurora boreal com luz de arco-íris.

A *Enciclopedia dello Spettacolo*, publicada em Roma em 1954 por Silvio D'Amico, amigo do cinema, tem na letra A nada mais nada menos que 1.198 páginas! No entanto, esse compêndio monumental dedica a Henri d'Abbadie d'Arrast uma nota não maior que seu nome. A carreira de D'Arrast foi breve: de 1927 a 1934, tempo no qual completou oito filmes. Eric von Stroheim fez cinco filmes em toda a sua carreira, Eisenstein apenas seis. Um teve de enfrentar os chefões de estúdio, o outro teve pela frente os comissários e até mesmo Stalin. D'Arrast competiu com sua excelência contra os estúdios e além disso contra seu próprio caráter. Ninguém ganhou realmente, mas o público perdeu. D'Arrast foi enterrado antes de morrer e não houve mais filmes de D'Arrast com D'Arrast vivo. Um dos erros mais comuns é crer que a moda faz história. É o contrário. Só que a moda nem sempre se repete. Assim disse Herman Weinberg, historiador e amante do cinema, do octeto de D'Arrast: "Foram oito das mais deliciosas películas jamais feitas." E quase todas desapareceram. Para sermos mais honestos, foram destruídas.

Dizia-se que D'Arrast não podia fotografar um simples telefone sem convertê-lo em um objeto de arte, sempre que fosse um telefone branco para que nele fale uma mulher formosa em sua alcova de seda pura. Falar por telefone em suas comédias ou em seus dramas era algo mais do que manter uma conversa. Oscar Wilde disse que um telefone não tinha outra importância que não o que se falasse por ele. D'Arrast, outro esteta, acreditava que o telefone não, a conversa é que era o importante. Sobretudo no cinema mudo, onde jamais se ouvia a conversa. Mas D'Arrast insistia, até no cinema sonoro: primeiro os telefones, depois a conversa. *Laughter* começa exatamente com uma chamada telefônica. Ao contrário do que se crê, D'Arrast não sofreu a influência de

Chaplin, sempre vulgar, mas sim de Lubitsch, mestre dos mestres da comédia falada: Frank Borzage, Mitchell Leisen e Billy Wilder devem a ele toda a sua arte. Em *Laughter* é D'Arrast quem cria sua influência, com um estilo tão pessoal e urbano que seu melhor filme poderia se chamar *Sorriso*: contagiante, sábio mas não arcaico. Pioneiro da comédia excêntrica, astuto manipulador de atores e criador do final deslocado, onde o clímax depende do clima, todas essas características estão presentes no D'Arrast de *Laughter*: sardônica, saudável. A lição de sabedoria sofisticada, na qual há um drama doméstico, um melodrama invertido e o convencimento de que o dinheiro não cria felicidade, cria somente mais dinheiro: filosofias financeiras e argúcia e confiança. D'Arrast era na realidade um rebelde em busca de uma causa na qual não crer. Não era um cínico, mas um cético. Quer dizer, um elegante sem ilusões.

No início de *Ladrão de alcova*, a obra-prima de Lubitsch, em uma gôndola um gondoleiro vagabundo canta e encanta e a música é uma melopeia melismática. Atraca longe da Ponte dos Suspiros, ai!, para descarregar sua carga noturna que é a outra face de Veneza. Assim recolhe toda noite o hediondo lixo de cada dia. Se agora enche a gôndola com outra carga preciosa (uma manteúda bela e perfumada, por exemplo) e passa de gondoleiro para um músico que foi seu amante, o leitor terá a ideia aproximada de *Laughter*. Veneza, claro, será Nova York sob a chuva e o grande canal será a Quinta Avenida ou a mais rica Park Avenue e os automóveis serão gôndolas com quatro rodas: logo teremos outra intriga no paraíso. Nosso músico não canta cançonetas e sim compõe sinfonias inauditas, inéditas. O músico ama a dama deixada para trás, que escolheu o dinheiro: ela garantida, ele iludido. Uma conta bancária é a melhor vingança. Mas o desencanto não é nunca desengano e o engano continua até tornar-se de novo encanto. Vivam os noivos! E foram felizes até o Fim.

Poucas vezes houve no cinema outro mestre da felicidade a todo custo como D'Arrast. Segundo os gregos, a felicidade consiste em saber unir o fim com o princípio e tem forma de círculo. Mas às vezes a vida é um círculo vicioso. Só a comédia pode ser um círculo perfeito. D'Arrast acreditava na comédia porque sabia que a verdade está no riso. *In riso veritas*. Ria e o público rirá com você.

Os poucos filmes D'Arrast foram *Serviço de damas, Um cavalheiro de Paris, Serenata, Namorico magnífico, Dry Martini, Laughter* e *Topaze*. *Raffles* está em disputa, embora todas as histórias do cinema o creditem a D'Arrast. Seu último filme chamou-se, significativamente, *Aconteceu na Espanha* e era baseado em *O chapéu de três pontas*, que são os alardes de Alarcón. Antes de D'Arrast, o alucinado Hugo Wolff criou uma ópera com o conto e Manuel de Falla compôs um balé. Aparentemente D'Arrast deveria ter sido tão exitoso como Falla, mas falhou como Wolff. Esse foi o fim de sua carreira. É preciso ver como foi o início.

Henri d'Abbadie d'Arrast teve entre seus antepassados o infame Aguirre e o famoso Daguerre, inventor comercial da fotografia, algo assim como o tataravô do cinema: daguerreótipos em movimento. D'Arrast não nasceu na França de seus avós nem na Espanha de seus sonhos, mas sim em Buenos Aires, para onde tinha ido em busca de aventuras no ventre de sua mãe. D'Arrast nasceu, como o cinema, no exílio. Regressou à França quando já era um rapaz para estudar em Paris e logo foi para a Inglaterra completar sua educação. Falava espanhol, francês e, claro, inglês, com extrema fluência. Combateu, foi ferido e depois condecorado na Primeira Guerra Mundial. Na paz buscou a guerra e partiu para Hollywood, onde o cinema bélico se preparava para fazer ruído com a chegada do som mais iminente. D'Arrast conheceu em seguida a quem devia conhecer nas *parties* mais sonoras, onde Hollywood não era nada silenciosa. D'Arrast conheceu também um homem determinado a não falar, pelo menos no cinema. Charles Chaplin. Chaplin, que nunca tinha visto um genuíno aristocrata francês em sua vida, se entusiasmou com D'Arrast. Preparava então *Casamento ou luxo?* e contratou D'Arrast como assessor técnico, ou seja, alguém que soubesse a diferença entre um garfo e uma faca para peixe. D'Arrast, claro, sabia e seu nome era o eco do estúdio a cada problema: "*Ask Harry*".

Chaplin, o *cockney*, viu em D'Arrast tudo que ele não era: um herói de guerra, um aristocrata e um homem alto, bem-apessoado e elegante. Era de se esperar que fizesse dele um astro, mas só o quis como assessor técnico. Outro auxiliar de Chaplin, Monta Bell, tal como D'Arrast se sentiu "oprimido pelo enorme ego de Chaplin". Enquanto completava sua missão de assessor em *Casamento ou luxo?* e depois em *Em busca do ouro*, D'Arrast executou mínimas tarefas dramáticas, missões melancólicas e trouxe e levou pequenos recados. Chaplin por sua vez o introduziu no "círculo mágico" presidido pelo potentado William Randolph Hearst, hoje conhecido como o original do retrato do *Cidadão Kane* e ao mesmo tempo como uma invenção de Orson Welles.

Hearst era à época um poderoso periodista. D'Arrast conheceu, como todos, a amante do magnata, a atriz Marion Davies. Também foi testemunha de um dos escândalos mais bem guardados do cinema. D'Arrast, por acaso, estava a bordo do iate de Hearst quando mataram Thomas Ince, eminente diretor, poderoso produtor e uma das figuras mais fascinantes da história do cinema. Seu próprio nome, Ince, era um anagrama de cine. Nunca se soube quem matou Ince. Nem sequer se sabe de que maneira morreu. O legista favorito de Hearst achou que se tratava de um ataque cardíaco produzido por indigestão aguda. Mas Ince sangrava profusamente pela cabeça na última vez em que foi visto vivo. Nenhuma indigestão provoca sangue na nuca, a menos que o paciente morda o pescoço. Uma hipótese propôs um Hearst acometido por um ciúme doentio, que se empenha em dar uma lição na mulher matando Chaplin, seu amante à ocasião. Outros dizem que Hearst odiava a comédia. Desgraçadamente para o pioneiro do cinema, Ince parecia-se demais com Chaplin em gênio e pessoa. Um barulho seco, um estampido e o sósia se transformou em chamariz.

Para D'Arrast "a influência de Chaplin foi total". Era de se esperar. Porém mais adiante esclareceu: "Era impossível pensar com Chaplin." E descobriu demasiado tarde que com Chaplin, mímico mudo, "a melhor política era o silêncio". D'Arrast foi assistente de Chaplin duas vezes, mas logo a intimidade foi a única forma de comunicação entre os dois amigos. D'Arrast teve um breve crédito em *Em busca do ouro*, mas, quando Chaplin estreou sua versão sonorizada nos anos 1940, D'Arrast disse a Eleanor Boardman a caminho do cinema, cético como sempre: "Acho que Charley tirou meu nome dos créditos." E não deu outra. D'Arrast não apareceu em parte alguma na versão sonora. Por causa de Chaplin, D'Arrast havia desaparecido também do mapa do cinema. Mas era tarde demais.

Adolphe Menjou, astro de *Casamento ou luxo*? (havia convencido Chaplin de que era ideal para seu *salonnier* porque era um dos poucos atores do cinema que sabia dar o laço em seu *robe de chambre* e onde colocar o lenço num *smoking*), que sempre foi um aristocrata do cinema, reconheceu D'Arrast como um nobre da vida real. Este ator, anacrônico e astuto, que atuava sempre com o bigode encerado, levou D'Arrast consigo para a Paramount. Foi ali que D'Arrast deu as melhores provas de seu talento. D'Arrast e Menjou, franceses favoritos, apareceram juntos em mais de uma mostra da arte muda mútua.

D'Arrast fez três filmes sonoros que perduram mais que duram. O resto, antes e depois, foram tentativas malogradas onde quer que fosse, de preferência em Hollywood. D'Arrast, por exemplo, ia dirigir *Hallelujah, I'm a Bum* (O alcaide e o mendigo), que não se deve confundir com *Hallelujah*, a obra-prima de King Vidor, primeiro marido da mulher de D'Arrast: em Hollywood quem faz incesto faz um cento. Mas Al Jolson, que era então um astro fulgurante, vetou D'Arrast, declarando que um aristocrata francês não podia entender de mendigos americanos. Trouxeram-lhe Lewis Milestone, judeu rude como Jolson, que foi tratado a patadas pelo cantor branco que tinha alma negra. Era o galo com maior crista no terreiro à época: mas, como se sabe, seu canto não durou mais além do alvorecer sonoro.

Depois de seu fiasco espanhol, D'Arrast se retirou para seu castelo francês. A vida no *chateau* ancestral dos D'Arrast terminou como seu casamento: em ruínas. Eleanor Boardman, que havia abandonado sua carreira por D'Arrast, regressou a Hollywood, onde terminou vivendo, coisa curiosa, em um bangalô de propriedade de Marion Davies. D'Arrast deixou o castelo, tentando reconstruí-lo como tentava recuperar sua mulher: pelo método, raro no país de Descartes, de ir viver em Montecarlo para quebrar a banca do cassino com um único golpe de sorte. Alguém acreditava ter visto D'Arrast, antes perdedor em Hollywood como agora em Montecarlo, esgrimir uma pistola de salão como seu herói Adolphe Menjou em *Um cavalheiro em Paris* (1927) e quase presenciar como se levantava a tampa do crânio. Mas Menjou só levantou a tampa de sua cigarreira para extrair essa arma proibida, um cigarro.

Herman Weinberg, amante ativo do cinema, do café e dos charutos (pediu para ser cremado), escreveu o melhor obituário que se poderia ter escrito sobre Henri d'Abbadie d'Arrast, aliás D'Arrast. Devo a Weinberg muitos de meus dados de informação. E por que não dizer dados de jogo? A vida de D'Arrast esteve regida pelos jogos de azar e pelo próprio azar. Que outra vida mais azarada do que a deste basco que nasceu em Buenos Aires e foi transformado em artista em Hollywood? Agora D'Arrast ganhava a vida e ganhou a morte nas mesas de jogo da Europa. No final parou de jogar, ao perceber que não ganhava nunca: a deusa o havia abandonado. Era um perdedor que ouvia como se ouvisse chover o crupiê (certamente Marcel Dalio) sussurrando junto à roleta russa: "Não jogue mais", ouviu em seu outro idioma e o aceitou como uma indicação de seu destino. Regressou a seu castelo, sozinho, a esperar esse crupiê que nunca perde, sempre ganha. Chega vestido a rigor, cauteloso, e sorri. D'Arrast abriu sua cigarreira e acendeu seu penúltimo cigarro. Um Lucky Strike: esse golpe de sorte por que ansiava, que inalava. *Rien ne va plus.*

Século e segredo de Groucho (1885-1995)

Como é que um cômico de *vaudeville*, e educado por si mesmo entre atos, chegou a ser amigo literário de um poeta que era prêmio Nobel de literatura e mandarim da cultura e uma frase sua que não é sua sirva de epígrafe a um dicionário filosófico? A única explicação impossível não possível é que o gênio, como o espírito, sopra onde quer. Essa é uma possível metafísica. Agora vem a lição, e você pode cair para trás. É uma risível ironia da história, essa dona de todas as chaves, que Groucho Marx seja amplamente mais bem-vindo do que Karl. Todos ouviram falar (inclusive falaram) do auge e da queda do comunismo representado mais *adhoc* pelo muro do que pela praça Vermelha. Marx morreu mas Groucho vive. A filosofia comunista pode estar representada por Humpty Dumpty, que subiu ao muro para cair porém o muro caiu antes. Um escritor espanhol transforma Karl em um ator de televisão, mas deixa saber que Groucho já esteve ali. A confusão, como queria Shakespeare em *Macbeth*, tirano tropical, realizou sua obra-prima. Que se chama a família Marx ou Marx vezes quatro: Groucho, Harpo, Chico e Zeppo. Um momento, pare a arca, Noé: falta Gummo. Mas Groucho será o timoneiro e às vezes o capitão, o capitão Spaulding, explorador africano, caçador branco embora judeu de nome anglo-saxão.

Groucho não era o mais velho mas sim o mais amado dos membros da assim chamada família. O pai, não se deve esquecê-lo, fazia ternos elaborados, mas em alfaiataria era uma porcaria. Fazia roupas à vista de todos e os clientes se queixavam: "Este paletó está um lixo." Por sorte ali estava Minnie Marx, mãe dos Marx e com uma disposição tão heroica quanto a de Cornélia, mãe dos irmãos Graco. Porém Minnie não falava latim, mas sim iídiche, embora Groucho, sempre esnobe, costumasse dizer que em casa se falava alemão — até que chegou Hitler. Isto explica, segundo alguns, a mudez de Harpo e o italiano do Brooklyn de Chico, às vezes Chicolini, é por culpa de Mussolini. Mas e os jogos de palavras de Groucho? São intraduzíveis para outro idioma, como os malabarismos mudos de Harpo não são traduzíveis para nada. Que a arte dos Marx, tão local, tão louca, tenha se tornado universal (Groucho diria que Universal não, mas sim Paramount) não se deve ao cinema. Creio que se deve à nossa reverência pela irreverência.

A necessidade será a mãe da invenção, mas as necessidades eram a mãe da mãe dos Marx e suas invenções foram o motor de arranque (que vem de arrancado) de toda a família, exceto o velho Marx, que seguia em sua missão impossível de fazer um traje sob medida. Qualquer medida. Minnie Marx imaginou um dia que o caminho da Prosperidade, ou como se chame viver bem, passava pelos palcos do *vaudeville*. Que não é vil, mas sim o nome que em Nova York se dava ao *music hall*. A ideia não lhe veio como uma lâmpada que se ilumina (eles tinham que usar velas), mas sim porque um tio, mais ou menos, chamado Al Shean (anglicanização que os Marx não tiveram de fazer como fizeram os Marx ingleses, que mudaram o nome de Marx para Marks e assim puseram em sua fachada Marks & Spencer quando eram Marx & Splenger, filósofos), era um cômico da língua franca do *vaudeville* em dupla com um cômico irlandês chamado Gallagher. Ambos faziam um dueto de diálogos duvidosos. Exemplo de dúvida: Mr. Gallagher se queixava de que era uma pena que a Vênus de Milo não tivesse braços. E Mr. Shean respondia, com esse duplo sentido que era um sexto sentido em Groucho: "Não tem braços, Mr. Gallagher? Juro que não notei." Groucho converteria esses genes em gênio.

Os Marx triunfaram todos, mas não eram uma trupe, eram uma tropa. Minnie Marx, tão pequena como Minnie Mouse, deixou os palcos (ou os palcos a deixaram) e a Família Marx se transformou em Os Irmãos Marx, que se anunciavam como "Cinco Esta Noite Cinco". E no cinema os cinco se reduziram a quatro, depois a três e finalmente em sua decadência, (nesta cadência), Groucho ficou sendo o único. Mas já na tela, encobertos, em *Hotel da fuzarca*, Harpo solou com a harpa e Chico no piano afinava seu dedo pistola. Embora o trio sempre fosse Groucho e seus sequazes em sequência após sequência até alcançar o nível da excelência.

Mais interessante que sua estrepitosa relação com seus irmãos em seus tênues disfarces invariáveis era a interação de Groucho com Margaret Dumont, amável e cortês mas às vezes sua contraparte feminina, a qual ele corteja com uma rudeza depreciativa capaz de fazer fracassar de antemão qualquer perspectiva matrimonial. Para falar com ela Groucho sempre sobe num pedestal. Típico cortejo de Groucho: "Você me ama? Tem dinheiro? Responda à segunda pergunta primeiro." A dama Dumont, não há outra maneira de chamá-la, com seu porte de realeza e suas maneiras de extrema e divertida cortesia, fez sete filmes com Groucho. (Os outros irmãos apenas contavam para ela.) Desde o primeiro de todos, *Hotel da fuzarca*, até o último, *A grande loja*, a Dumont era o bastião da dignidade, das boas maneiras e da respeitabilidade como tantos outros panos vermelhos para as investidas de Groucho, touro de arena, sua canção preferida, "a dama tatuada". Groucho sabia como tratar estas senhoras: quando jovem dividiu a cena com Sarah Bernhardt e teve que dormir não em seus louros, mas sim em seus palcos.

A Dumont mudava de nome tantas vezes como seu par díspar (era uma cabeça mais alta que o baixinho Groucho), mas o afeto é, nota-se, invariável e mútuo. Groucho estaria perdido em seu labirinto de armadilhas (ou nas armadilhas de seu labirinto) para cobrar na mesma moeda, se não fosse pela presença constante, como uma ninfa entrada em carnes, que o chamará para contar. Lady Dumont é uma dama eduardiana com adornos vitorianos. É também formosa, alta e um tanto imponente. Mas Groucho não é impotente e a agarra como branda parede de rebote de dardos carregados com palavras enganosas, gananciosas, ociosas.

Em uma frase final ao princípio: a Groucho não interessam as relações humanas, fonte da comédia desde Aristófanes, flecha de Sócrates. É fascinado pelas possíveis conexões (como nos carros a engrenagem) entre os personagens por meio da palavra. Assim não só reduz a pompa em todas as circunstâncias, diminuindo a partir de sua baixa estatura as pessoas que se acham (porém não se sabem) importantes. Em sua obra-prima *O diabo a quatro* Margaret Dumont, dama endinheirada, o nomeia presidente de Freedonia, mas Groucho esbofeteia mais de uma vez o embaixador Trentino, enviado pela inveja, vindo a Freedonia para promover discórdia e distração. Também baixo e negligente, enquanto corteja a Dumont, Groucho namora a rotunda Raquel Torres, volta a esbofetear o embaixador Trentino, declara a guerra ao mesmo tempo em que se declara à Dumont: ela altiva, ele desde sua baixa altura. Seu oportunismo erótico se torna heroico. Modelo de declaração amorosa a Raquel: "Dançaria com você até que a galinha crie dentes." Ou ao contrário: "Dançaria com uma galinha até que você crie dentes." Ou em defeito: "Dançaria com uma galinha até que você crie dentes." Depois de uma breve corte, Dumont, diz: "Excelência, não sei o que dizer." E Groucho: "Em seu lugar eu tampouco saberia, sobrinha."

A corte de Groucho a Margaret Dumont se desloca como um encouraçado por todas as películas do trio. Mas na última que vale a pena, *Uma noite em Casablanca*, Margaret Dumont ou está retirada ou morreu. Ou as duas coisas. Contudo, Groucho tem olhos e sobrancelhas (sobretudo sobrancelhas) para dizer um galanteio através do bigode pintado. "Sou Beatrice", lhe diz a sedutora Lisette Verea, "e paro no hotel." Groucho: "Sou Dante e não tenho ressalvas." O último amor de Groucho em *Loucos de amor* (seu último filme de 1949) sou incapaz de descrevê-lo. Por favor, tente. Só lhe direi suas iniciais, M.M. E o resto? Deixo para sua imaginação, pois a minha já não funciona. M.M.? Quem seria? Uma dica? Ela está verde entre velhos verdes. Desisto.

A arte de Groucho não se resume ao teatro, ao rádio, ao cinema ou à televisão. Também seu humor desrespeitoso se expressa por carta, e as missivas marxistas são outro correio do czar. À notória revista *Confidential*, que fazia revelação sobre a vida privada de gente pública, Groucho escreveu: "Se vocês continuarem sem publicar artigos escandalosos a meu respeito, me verei obrigado a cancelar minha assinatura." Outra carta era para alguém mais íntimo, seu irmão Chico: "Meu produtor favorito foi jantar lá em casa e cada vez come mais. Chupando os ossos do frango e comendo espigas de milho, que se podia ouvi-lo a cem quilômetros de distância." A carta foi escrita em plena guerra: e "as pessoas pensaram que se tratasse de um ataque e começaram a fechar as cortinas de blecaute e apagaram as luzes".

Sua correspondência com Eliot é quase como de um poeta para outro (ou de cômico para cômico) e Groucho expressa sua vaidade literária quando o poeta de *A terra devastada* solicita, como um fã feudal, uma foto autografada! Há muito, muito mais cartas de um humor que se poderia chamar de vítreo, se não se chamasse assim o vitríolo. A mais famosa, a mais citada e talvez a melhor foi a carta que Groucho mandou para a Warner Brothers. Os três irmãos iam fazer um filme chamado *Uma noite em Casablanca*, que é praticamente seu canto do cínico. Mas o tema é Casablanca. Os Warner protestaram por um filme se atrever a usar o nome da cidade africana estando tão perto o seu *Casablanca*. Houve ameaças de ação legal e Groucho respondeu com uma carta nada branca:

"Caros irmãos Warner:
...quando pensamos em fazer este filme eu não fazia a menor ideia de que a cidade de Casablanca pertencesse com exclusividade aos irmãos Warner. Contudo, poucos dias depois de nosso anúncio, recebemos seu longo e ominoso documento legal advertindo-nos a não usar o nome Casablanca.
Parece que, em 1471, seu bisavô Ferdinando de Balboa Warner, enquanto buscava um atalho para Burbank, foi dar nas costas da África e, levantando seu nariz, chamou a praia de Casablanca."

A carta, demasiado longa para oferecer o texto íntegro e desintegrador, tem momentos tão hilariantes como quando Groucho adverte os Warner de que eles eram irmãos profissionais muito antes que existisse a Warner Brothers: "Antes de nós houve outros irmãos. Entre eles os irmãos Karamazov." Quanto ao nome Warner, Groucho recorda ao magnata que ele existia "antes que nascesse". Em seguida, Groucho aponta a arma para o mais velho dos Warner, Jack. "O que me diz de Jack the Ripper, que cortava e recortava sua figura em Londres?" E assinava: "Sinceramente, Groucho Marx." Seu nome grouchesco era original do cômico que nasceu Julius. Mas o que teria que dizer do sobrenome Marx?
Os dons antinaturais de Groucho são a astúcia frente aos inimigos, não apenas numerosos como também feitos por ele mesmo. Seu segredo em seu século (que é o XX, que completa cem sem haver acabado) é uma característica de sua persona-

lidade mas também de sua raça. Por haverem limitado sua capacidade de dissimulação e de disfarce, por exemplo, em *Uma noite na ópera*, todos se converteram em clandestinos, como seu vivo irmão tem seu camarote, (canta) "no meio do mar se move seu camarote".

O cimo (não longe do fundo, da suma definitiva) chegou oral para Groucho e, curiosamente, fora do cinema. Foi em suas aparições como mestre de cerimônias em *You Bet Your Life*, em que sempre apontava a sua pistola que fazia *pun* e onde, ao entrevistar uma senhora que tinha 20 filhos, ao perguntar-lhe por que e como, ela respondeu: "Amo meu marido." E Groucho disparou de sua cadeira: "Também gosto muito de meu charuto, mas de vez em quando eu o tiro da boca."

Sua criação, talvez única no cinema e certamente só possível no cinema falado, está repleta de paronomásias. T.S. Eliot (a quem Groucho chamava, a pedido, de Tom) viu bem que sua arte com o jogo de palavras era uma forma de poesia. Mas o criador, Groucho, tinha outra opinião, mais justa, creio: "Minha forma de falar", disse em uma entrevista, "é uma forma de loucura." Não disse, como Bergson e como Freud, ambos judeus, que todo humor é, de mente para mente, demente — o desejo de Desidério Erasmo, autor de o *Elogio da loucura*.

A arte (de amar e odiar) de Groucho é feita de palavras. Mesmo seus interlúdios musicais são canções com palavras, como seu hino do risco: "*Hello, I must be going*" (Olá, já vou indo). Ditas mais que contadas pelo capitão Spaulding, "American explorer". Groucho teve escritores como Morrie Ryskind, ganhador do prêmio Pulitzer no teatro, e o eminente humorista S.J. Perelman, engenhos e gênios do humor judeu americano. Mas, essencialmente, Groucho teve a Groucho. Usando inversões, versões, *quid proquos*, *non sequiturs*, *quolidbets* e *puns*, paronosásias e paródias, a linguagem era seu idioma. Mas a última frase dita em voz baixa (ele que sempre falou em voz alta) foi numa confissão a um jornalista, ao qual disse:

— Sou um *schmuck*.

Em Nova York um *schmuck* é um idiota, mas em iídiche, de onde provém, também quer dizer membro viril. Na dicção de Groucho Marx todas as acepções são possíveis. Seu epitáfio diz: *Hello, I must be going.*

Variações sobre um enigma

Em agosto de 1962, o diretor de cinema francês François Truffaut gravou uma entrevista com Hitchcock que era uma conversa de 50 horas entre os dois cineastas. A famosa entrevista (que deu lugar a um volume tão gordo quanto Hitch) foi precedida por um longo estudo crítico dos diretores franceses Claude Chabrol e Eric Rohmer, publicado em Paris. O encontro anterior entre Hitchcock, Truffaut e Chabrol ocorreu quando nenhum dos dois fanáticos franceses eram ainda diretores de cinema, mas sim meros entusiastas. Tanto que, no primeiro encontro, ocorrido em Cannes, Chabrol e Truffaut terminaram ficando debaixo de uma fonte gelada, ébrios de emoção. Foi então que os dois dedicados entrevistadores deram a Hitchcock a ideia de que a cor verde não era apenas importante em seu cinema mas também essencial: era a lembrança. Hitchcock admitiu-lhes que gostava do verde porque era uma cor natural. Também gostava do marrom pelas mesmas razões. E do vermelho, do azul e do amarelo. Os últimos, além de naturais eram facilmente encontráveis em bandeiras (a americana, a inglesa e a francesa) e em quase todos os semáforos instalados em cada esquina, invenção francesa. Hitch não podia ter admitido essa paleta populosa anos atrás, quando as suas películas eram em preto e branco, para não mencionar todos e cada um de seus episódios de TV que o tornaram rico e famoso.

Seu primeiro filme em cores, *Festim diabólico*, foi rodado em 1948. Nele o verde, que significa nostalgia, não aparece em mais destaque do que o resto das cores do espectro. *Festim diabólico* é o menos nostálgico dos filmes. De fato, sua única nostalgia é atroz: só um dos dois jovens assassinos deseja voltar ao momento em que não haviam enforcado sua incauta vítima. Porém — sempre um porém vem intrometer sua realidade na mais feliz metafísica — já em sua terceira película, *Downhill*, Hitch fez tingir de verde pálido a sequência do delírio de seu herói. Hitch depois explicaria o havia adotado (e adaptado) de uma lembrança infantil. "Recordo", lembrou, "uma peça de teatro que vi em 1905, na qual o vilão entrava em cena banhado por uma luz verde. Também se usava então a luz verde para fantasmas e malvados." É preciso recordar que na Inglaterra e nos países anglo-saxões o verde não é a cor da esperança, muito pelo contrário: Shakespeare chama o ciúme de "monstro de olhos verdes".

Hitchcock poderia reclamar seu ascendente católico, mas a tradição dramática em que se havia inserido era poderosamente protestante, ou seja, vitoriana. Na gíria dos *cockneys*, a classe operária a que pertencia Hitchcock, verde é o nome do dinheiro. Mas, o que também fascinava e assustava o jovem Hitch, significa comércio sexual. Há, é certo, um elemento de nostalgia na expressão "dias de salada", embora Shakespeare, que a anotou, diga a seguir: "quando meu juízo estava verde". Mas Truffaut *et al* declaravam, como Lorca, "verde que te quero Hitch".

"A nossa", costumava dizer Hitch, "era uma família católica." Na Inglaterra, isto já por si era uma excentricidade." (Este é o evangelho.) Seus pais vendiam galinhas (a Inglaterra é um país de vendeiros) e residiam ali atrás das caixas de papelão vazias e das penas: Hitch tinha de atravessar o galinheiro para alcançar a casa. É por isso que Hitch odiava os ovos? Recorde-se de que em *Ladrão de casaca* Jessie Royce Landis, mãe americana da mais bela loura de sua coleção, Grace Kelly, apagava o cigarro na gema de um ovo estrelado no restaurante do mais elegante hotel da Riviera. Obsessões católicas? Talvez. Mas Violet Trefusis, mais famosa como lésbica do que como romancista, amante de Vita Sackville-West, a mulher que foi *Orlando* e criadora da frase "Quem tem medo de Virginia Woolf?", após acabar com sua Virgindade embora a deixasse *virgo intacta*, a Trefusis costumava apagar seus cigarros em toda parte: num tablete de manteiga, na sopa, num ovo. Hitchcock já maduro, já o Mestre, já um dos homens mais ricos do cinema, ceava a cada noite, fosse o que fosse a ceia, não ovos mas sim batatas fritas, um componente eterno da ceia operária inglesa.

Aos 16 anos Hitch descobre as obras de Edgar Allan Poe. "É porque me fascinavam tanto os contos de Poe", declarava, "que depois realizei filmes de suspense." Agora se comparava a Poe com sua típica imodéstia: "Poe e eu somos prisioneiros do suspense. Se eu transformasse *Cinderela* em filme, todo mundo procuraria o cadáver. Se Poe tivesse escrito *A bela adormecida*, todo mundo buscaria o assassino." Mas a maior influência ética mais do que estética no jovem Hitchcock foi G.K. Chesterton, o homem que foi quinta-feira mas também sexta-feira santa. Chesterton afirmou: "A moral é a mais obscura e atrevida das conspirações." Hitch sempre se sentiu atraído por um ouvido pela moral, enquanto no outro ouvido lhe sussurravam mil conspirações. Todo o seu cinema é pura paranoia e a conspiração é a mais paranoica das atividades humanas.

Uma declaração de amor: "Queria ser, primeiro, diretor de cinema e depois o marido de Alma." Alma Mahler, Alma Mahler Gropius Werfel, Alma Mater, Alma Reville, Alma Reville Hitchcock. Alma-Tadema é o maior dos pintores eróticos vitorianos: *il a voulu être pompier*.

Assim disse um cineasta que conheceu Hitch jovem: "À parte suas películas, Alfred Hitchcock não existe." Seu biógrafo autorizado, John Rusell Taylor, escreve: "Não existe em parte alguma uma única foto de Hitchcock menino." O biógrafo também anota que não há muitas fotos dele anteriores a 1930. As poucas existentes mostram que Hitch foi sempre Hitch: quase calvo, feio, gordo, pequeno e bundudo. Hitch costumava narrar uma estranha história de sua prisão infantil. Sendo muito menino, cometeu uma falta menor que seu pai considerou gravíssima. Hitchcock pai falou com um policial amigo, que veio buscar o menino para prendê-lo e metê-lo no cárcere por uma noite. Desde então Hitch tomou horror da polícia. A história parece apócrifa, mas sua fobia à lei e seus agentes era verdadeira. Tão intenso era esse medo que Hitchcock parou de dirigir nos Estados Unidos quando, indo para San Francisco, atirou seu charuto aceso na estrada. No resto da viagem foi acometido pela mais terrível angústia: a consciência de violar a lei. Curiosamente, deixou de dirigir mas não de fumar.

Desde o princípio Hitch se sentiu, como Von Sternberg, à vontade na companhia de mulheres. É curioso que os dois diretores são com frequência acusados de misóginos, enquanto que George Cukor, um ativo pederasta passivo, sempre foi considerado o diretor de mulheres por excelência. Hitch, por seu turno, só começou a cercar-se de louras a partir de *Os 39 degraus*, feito quase ao final de sua carreira inglesa. Hitch prefere as louras mas se casou com uma morena. Contudo, nos filmes em que sua heroína não foi loura (como Ruth Roman em *Pacto sinistro*), a atriz, apesar de sua beleza de estátua, deixou de ter esse aspecto de Galateia nórdica que têm as louras em suas películas. Como a principal relação amorosa em *Festim diabólico* é homossexual, a pequena e pouquinha coisa de Joan Chandler não é exatamente a dama morena dos sonetos. A mais sugestiva de suas morenas em apuros foi Teresa Wright em *A sombra de uma dúvida*, onde era citadina e popular e ao mesmo tempo imensamente atraente e elegante. Como contrapartida Hitch teve em *Um casal do barulho* a loura mais *sexy*, audaz e simpática, Carole Lombard, em uma de suas piores películas. *Ad ars per aspera.*

Os galãs, Hitch parecia preferi-los como Mae West: altos, morenos e bem-apessoados. Em todo caso, os atores que mais estiveram com Hitchcock do outro lado da câmera foram Cary Grant (4 vezes), James Stewart (4 vezes) e Gregory Peck (2 vezes), embora o boca-torta Robert Cummings estivesse diante da câmera tantas vezes quanto Peck. Hitchcock parece ter desejado ser Cary Grant alguma vez em sua vida. Inglês de classe operária e com sotaque modificado, Grant estava sem dúvida mais perto de Hitchcock do que Stewart e Peck, americanos médios sem remédio. Claro que Hitch nunca pôde aspirar a aparência e a graça de Grant.

"Hitch era conhecido como bom sujeito", escreve seu biógrafo Taylor, "cheio de ideias e sempre disposto a rir." Mais exatamente a fazer rir, como demonstraria mais tarde. À época Hitch não tinha mais que 20 ou 21 anos e estava começando. Quando se casou com Alma ainda não havia feito esse *Downhill* que contrariava seu título: tudo para Hitch seria *uphill*. Hitch e Alma mudaram para o último andar do 153 de Cromwell Road, que fica a poucas quadras de minha casa agora. Hitch tinha que subir todos os dias não 39 degraus mas sim 90, e às vezes também Alma. Viviam em confortável meio termo à inglesa. Depois, quando ficou famoso e rico, Hitch se negou a mudar-se para um apartamento menos modesto, para Mayfair ou qualquer outro bairro elegante. "Nunca", disse Hitch, "tive o menor desejo de mudar-me para outra classe que não fosse a minha." Mas Hitch comia como não comia sua classe. Ia com frequência ao Simpson's, no Strand, inclusive antes de casar-se. Ali jantava sozinho como só jantavam (e jantam) os ricos. Depois Alma, tão delicada, aprendeu seu gosto pela boa mesa. De vez em quando compartilhavam a cama, embora Hitch tivesse sua almofada própria. Acerca do bom tipo (nunca físico), seu importador americano, David O. Selznick, escrevia a sua esposa que Hitch não era mau rapaz. "Mas não é", especificava, "exatamente um homem sociável."

Blackmail é o primeiro filme falado de Hitchcock e o primeiro filme inglês falado — graças à dupla vontade de Hitchcock. Todos ou quase todos sabem como ele transformou este filme mudo em um filme falado e como fez com que sua estrela, a alemã Anny Ondra, falasse. O fato de que Anny, uma Vênus surgida de Ondra, não soubesse falar inglês impediu que fosse a primeira loura gélida de Hitchcock. Ainda que Ondra fosse quase tão vivaz (e tão *sexy*) como Clara Bow. Isso é demonstrado na prova de som que Hitch fez com ela, ainda conservada no Arquivo Nacional do Cinema Inglês, assim como no Museu de Pesos e Medidas de Sèvres:

> HITCH: Vamos ver, Miss Ondra. Vamos fazer uma prova de som. Não é o que queria? Venha cá.
> ONDRA: Não sei o que dizer. Estou nervosa!
> HITCH: Você foi uma boa moça?
> ONDRA (*rindo*): Oh, não!
> HITCH: Não se deitou com ninguém?
> ONDRA: Não!
> HITCH: Não?
> ONDRA: Ai, Hitch, você me embaraça! (*Ri a mais não poder*).
> HITCH: Venha cá agora e não se mova deste lugar, ou senão, como disse a criadinha ao soldado, não vai dar certo.
> (*Anny Ondra morre de rir*)
> HITCH: Corta!
> (*Apesar de seu humor, faz pouco aqui que Hitch soube que era a menstruação.*)

Finalmente Anny Ostra foi dublada por uma atriz inglesa mediante um processo novo porém primitivo: Ondra movia os lábios primeiro e a voz saía em *off*. De volta à Alemanha a muito polaca Ondra casou com o muito ariano Max Schmelling, o boxeador favorito de Hitler. Quando Hitch soube, telegrafou-lhe: "UM BOXER? MAS ISSO NÃO É UM CACHORRO ALEMÃO?" Schmelling era na realidade um Golias do ringue. Anny foi sua Fund[r]a de Davi.

Foi em *Blackmail* a primeira vez em que Hitch apareceu na tela, convertendo sua imagem de inglês feio em um camafeu. Hitchcock assegura (e ele devia sabê-lo melhor que ninguém) que isto ocorreu porque estava curto de dinheiro e de figurantes: sua estreia foi em *O hóspede*. Mas o próprio Hitch não estava certo de que esta aparição tivesse alguma consequência. Em *Blackmail* aparece de passageiro no metrô de Londres em uma luta incerta com uma de suas bestas negras: um menino. (Nunca uma menina, como Lewis Carroll.) Depois vêm os sucessivos camafeus em cada película. Exceto em *O homem errado*, onde a seriedade dramática do tema o impele a aparecer em um prólogo desnecessário. Agora seu intérprete é Henry Fonda, um ator que detestava ("É exatamente igual em todos os filmes, e ainda por cima cobra por isso") e encontra pela primeira vez seu melhor colaborador, o compositor Bernard Hermann. Hermann tem aqui uma de suas criações memoráveis, como o solo de trompete que anuncia o piquenique em *Cidadão Kane*. Em *O homem errado* (que é a história de um músico como tantos outros que, como Joseph K., é acusado de um crime do qual é totalmente inocente) Hermann usa uma de suas peças cubanas que quase são caricaturas desesperadas (em *O homem errado* é uma rumba lenta e violenta, em *Um corpo que cai* é uma *habanera* esquizoide) e só serve para a apresentação e os créditos. Enquanto a orquestra toca mecanicamente ao fundo, os casais que dançam vão se reduzindo até que o salão de baile fica vazio e os músicos que restam começam a adquirir uma individualidade fatigada. A rumba mecânica, como a histérica suíte de cordas de *Psicose*, é de uma maestria musical poucas vezes igualada no cinema. Hermann foi vítima e vitimário da moda, quando o estúdio decidiu que não podia ser o compositor de *Cortina rasgada* porque estava ultrapassado, para reaparecer fazendo uma poderosa partitura para um dos diretores da geração mais jovem e cumprimentando com surdos acordes essa obra-prima chamada *Taxi Driver*. É pela ausência sonora de Bernard Hermann que *Cortina rasgada* não passa de uma obra menor.

Hitchcock, um homem que devia ter horror a sua figura (empreendia constantes e inconstantes dietas) e a sua cara, as multiplicou até sua morte. À parte suas breves e fortuitas aparições no cinema, apresentou incontáveis programas de TV, acompanhado sempre pelos compassos risonhos da *marcha fúnebre de uma marionete*, de Gounod. Em seus camafeus do cinema com frequência levava às costas um óbvio instrumento musical: violoncelo, harpa ou contrabaixo. Em outras aparições (que agora têm um sentido mais espiritista que espiritual) passeava não muito longe seu enorme ventre de baleia morta à margem do mar. Mas sua presença por ausência mais notável ocorreu em *Náufragos*, onde, como não cabia na balsa, aparecia em um jornal em alto-mar: na última página ofereciam-se pílulas dietéticas chamadas "Reduco". Para ilustrar a eficácia de "Reduco" apareciam dois Hitchcocks: um "Antes" e outro "Depois". Por essa época Hitch estava mais gordo do que nunca. (Recordo como em um Festival de San Sebastian uma certa Miss Perborato se ofereceu para curar minha discreta dispepsia oferecendo-se almôndegas recheadas com perborato que, segundo ela, curavam a indigestão que produziam!) Hitchcock assegurava que recebeu muitos pedidos de "Reduco". (De minha parte posso garantir que, se ninguém pediu as indigestas almôndegas curativas, muitos se sentiram tentados pela oferta de Miss Perborato.) A última aparição de Hitch ocorreu, como tinha de ser, em seu último filme, *Trama macabra (Family Plot)* um de seus melhores títulos, pois pode ser lido com um ardil familiar ou como a tumba da família. Aqui Hitch aparece como uma sombra atrás de uma porta fechada: é visto através do cristal escuro. Um letreiro na porta diz: "Registro de Nascimentos e Óbitos". Vaidoso e veraz, ao explicar por que introduzia sua aparição instantânea quase ao começo de cada filme, disse: "Não posso deixar que o público, por esperar minha visita, não preste atenção na cena".

Hitchcock costumava citar Kuleshov e Pudovkin e suas teorias de montagem, mas nunca citava Eisenstein, que foi o maior popularizador da montagem. A teoria da montagem, que alguns acreditam ser russa e privativa do cinema (estão equivocados duas vezes), é a que sustenta que duas imagens quando se justapõem dão lugar a uma terceira imagem, que é o resultado da alteração que sofre cada imagem por contiguidade. Para o cinema soviético esta teoria era idêntica à ideologia hegeliana, adotada por Marx, da dialética do jogo. Hegel declara que uma tese, enfrentada em sua antítese, sempre produz a síntese. A teoria do cinema russo estava ilustrada por um experimento visual de Lev Kuleshov com o ator Mosyukin, tomado em *close-up* e com um olhar neutro, que está oposto sucessivamente a um prato de sopa, a uma bela loura e a um enterro que passa. Mosyukin, que permanecia impassível, parecia reagir à sopa com fome, à loura com luxúria e ao enterro com medo. Esta sabida lição de Kuleshov fascinava Hitchcock, que se declarava partidário acérrimo da teoria da montagem.

A teoria oposta, expressada pelo esteta francês Alexandre Astruc com sua idéia da *camera-stylo,* ou da câmera como uma pena, considerava o cinema como uma escritura. Outro esteta francês, André Bazin, opôs a *mise-en-scène* (que é mais a posição da câmera) à montagem. Um de seus exemplos era Orson Welles em *Cidadão Kane,* outro o Alfred Hitchcock de quase todas as suas películas. Hitch criou o exemplo total da *mise-en-scène* em *Festim diabólico,* onde experimentou a ausência radical da montagem. Todo o filme se viu transformado em um contínuo movimento de câmera, onde a lente e a cena e os atores se moviam em planos paralelos que só se encontravam no infinito do fim. Mas Hitch, para mostrar que é um espírito de contradição, baseou toda a execução de *Psicose* (talvez sua película mais popular, enquanto *Festim diabólico* foi um fracasso) na montagem. Assim a morte de Janet Leigh sob a ducha e o que Borges chama a "íntima faca" (aqui deveria se impor uma visão sangrenta à relação quase eterna entre Hitch e a faca desde *Blackmail,* onde a heroína, que é uma assassina, depois de esfaquear um chantagista, volta para casa, para a comodidade da cozinha e o desjejum cotidiano para ouvir como a cantilena de uma vizinha se converte em um monólogo de uma só palavra: faca, o oposto de Ionesco em *A lição,* onde a palavra faca se converte em uma faca letal, ambos, Ionesco e Hitch, invertendo a façanha de Adão), talvez a morte mais súbita e surpreendente do cinema, está construída por 70 posições de câmera: o banheiro, o boxe, o chuveiro, a chuveirada, a assassina e finalmente a cortina do boxe e suas presilhas e o obsceno ralo que se transforma no olho perenemente aberto da pobre Janet Leigh, que conheceu cedo a vida e o amor e também o horror de sua morte.

Hitch fez em *Psicose* uma obra-prima composta seguindo a teoria da montagem, e assim burlou uma de suas leis básicas. Segundo Hitch, o suspense, que, se não inventou, o fez central em nossas vidas, é o contrário da surpresa. Ele ilustrou isso muitas vezes em conversas e entrevistas. Suspense era o menino que levava uma bomba no ônibus de Londres em *O marido era o culpado*. Sua irmã ignora, mas seu marido, o malvado terrorista, o sabe muito bem e com ele — eis aqui a chave do suspense — o público, o cúmplice que espera em angustiosos minutos que a bomba exploda entre os braços de um menino duplamente inocente e voe junto com passageiros não menos inocentes. A surpresa seria fazer a bomba explodir já, sem preâmbulo, sem o menor conhecimento de onde está, quem a leva, quando explodirá. Mas em *Psicose* utiliza apenas a surpresa (todas as mortes são violentas, inesperadas e súbitas) e a explosão da Loucura deixa como rastro um leve suspense, ou melhor, uma intriga. Quem é esta assassina anciã com um aleivoso facão que canta como um pássaro demente? O que é esta faca que brilha um momento antes de cravar-se em sua vítima própria? A faca é também um signo de admiração.*

---

*   Hitchcock e as facas. Em *O hóspede,* sua primeira verdadeira película, o protagonista visível, invisível é Jack o Estripador cuja arma favorita era o escalpelo, uma forma de faca. *Blackmail* é o filme-faca. Em *O agente secreto,* o *modus operandi* do menino calvo é a faca arremessada. Em *O homem que sabia demais*, o agente secreto francês é apunhalado pelas costas, modo preferido de Hitchcock para assassinar com faca. Em *Os 39 degraus*, a hóspede de uma noite é assassinada com uma facada nas costas. Em *O marido era o culpado,* a heroína mata o vilão, como em *Blackmail,* com uma faca de cozinha. Em *Recordação,* o herói, com uma navalha na mão, parece disposto a cortar a jugular e a vida da heroína. Em *Disque M para matar,* a heroína apunhala pelas costas o vilão com uma tesoura usada como faca. Em *A janela indiscreta,* o assassinato e o esquartejamento são cometidos com a arma mais à mão: uma faca caseira. Em *O homem errado*, uma gorda barraqueira

Hitch declarou descaradamente que o melhor sentimento que um ator encarna é o medo. "Os atores são capazes de expressar o medo muito bem... O medo é a emoção a que mais estão acostumados. Os atores sempre têm medo, de serem contratados a não serem contratados. Representam muito bem. O medo e o erotismo". Aqui, claro, Hitch estava dando as duas chaves (como os instrumentos musicais, as chaves são sempre duas) de sua arte: medo e amor. Ou amor e medo. Ou, como em *Psicose*, medo e medo.

Quanto a sua teoria do cinema, Hitch estava mais perto dos russos do que François Truffaut, tão francês, teria desejado. Disse Pudovkin: "O homem fotografado é o único material para a futura composição de sua imagem em um filme baseado na montagem". Um ideólogo antigo escreveu que no cinema "tudo se reduz ao alimento da câmera". O próprio Eisenstein declarou: "Não creio no sistema de estrelas. Em meu filme (*O velho e o novo*) os principais personagens são uma leiteira, um touro e uma separadora de creme". Hitchcock, talvez lembrando as frases bovinas de Eisenstein, disse mais de uma vez: "Os atores são gado".

Mas Hitch sempre buscava as estrelas. Mesmo para seu filme inconcluso, que ia se intitular *A noite curta*, queria Robert Redford como protagonista, como antes tentou em vão Yves Montand para *Topázio** (Montand recusou a proposta com uma frase que hoje repudiaria: "Jamais trabalharei num filme anticomunista"), como havia encontrado Sean Connery para *Marnie*, como havia buscado e encontrado sua Nêmesis, Paul Newman, para *Cortina rasgada*. Aqui ocorreu um mau encontro que resume a Teoria da Atuação Segundo Alfred Hitchcock. A tomada em conflito é um *close-up* de Newman só de seu rosto (a que Hitch deu

---

italiana se defende do ladrão agressor com uma faca de cortar salame. Em *Intriga internacional*, quando o herói se encontra com o embaixador na sede da ONU vem voando uma faca anônima que se crava nas costas de Sua excelência. *Psicose* é, já se disse, uma sinfonia de facas dementes. Em *Os pássaros*, o bico da ave é uma faca múltipla. *Cortina rasgada* é a apoteose da faca. Hitchcock, quando não emprega a faca, usa a arma disponível: a mão. Em seus filmes há tantos estrangulamentos quanto punhaladas. A arte de Hitch é uma prova de que o crime bem feito compensa.

---

* Este é certamente, em um terço, o melhor filme feito sobre Cuba.

o nome, tão em uso agora em televisão, de "cabeça que fala") mas Hitch precisava de uma cabeça que pensa. Como se recordará, em *Cortina* Newman era um brilhante físico atômico usado como espião na Alemanha Oriental. Os motores zumbiam, a câmara rodava, o microfone subia e Hitch ordenou, baixo: "Ação". Mas Newman mandou parar a tomada. Hitch já lhe dera instruções de que olhasse à frente, depois ao lado. "Um momento, Hitch", disse Newman, "você se esqueceu de me dizer o que estou pensando. O que estou pensando? Pausa "Paul", disse Hitch baixo e lento, "você não está pensando nada. Não quero que pense. Só que olhe à frente e depois de lado, da direita à esquerda. Isso é tudo." "Mas Hitch..." "Você já sabe, Paul, os olhos à frente, depois de lado". Paul, com desprazer que é evidente ainda hoje na tela, fez o que Hitch mandava e a seguir Hitch ordenou: "Corta".

O melhor momento de *Cortina rasgada* é o assassinato de um policial alemão por Paul Newman e uma dessas mulheres secundárias que são tão eficazes desde o começo do cinema de Hitchcock. Chama-se Carolyn Conwell e ajuda Newman a matar Wolfgang Kieling que encarna (é descarnado) o policial Gromek. Todo o processo macabro da morte é realizado em silêncio, porque Gromek tem um companheiro bem ali ao lado. Nunca uma faca convertida em arma foi mais ineficaz porque a vítima está inquieta. Nunca desde *Blackmail* uma faca foi menos uma palavra e mais um objeto doméstico. Nunca uma faca no cinema foi menos íntima. E, além disso, para Hitch, é a última faca.

Eu também conheci Samuel Fuller.

Ao final dos anos 1950, quando a crista da Nouvelle Vague era apenas perceptível, Jean-Luc Gordard pôde conhecer um dos ídolos de seu cinema ideal (com o tempo Gordad chegaria a abominar tal idolatria, mas essa é outra história), um diretor aparentemente sem importância. Godard, que sempre foi parco em palavras, disse aos amigos: "Conheci Samuel Fuller!" Como se tivesse conhecido D.W.Griffith. Eu conhecia Samuel Fuller como o arquétipo de diretor americano que era nessa época um anticomunista atroz. O primeiro filme seu que vi, *Capacete de aço*, me pareceu pura propaganda para um conflito em que eu, ingenuamente, havia acreditado na contrapropaganda comunista e podia jurar que a Coreia do Sul invadida havia na realidade invadido a Coreia do Norte. O filme me pareceu medíocre e seu diretor um realizador de filmes B sem talento para a ação. Já me havia equivocado outras vezes, mas nunca como dessa vez.

Seu filme seguinte, *Anjo do mal*, foi protagonizado por um ator, como outros, ao qual o estrelato havia transformado de uma grande ameaça secundária em uma estrela às dúzias. Atuava também um de meus rostos favoritos, Jean Peters, e, como em *Matei Jesse James, Capacete de aço* e *Baionetas caladas*, havia um conjunto de atores secundários que eram notáveis em seu exercício dramático. Não sabia à época que muita dessa perícia devia-se ao diretor. *Anjo do mal* me fez, porém prestar atenção em seu nome. Mas em seu filme seguinte, *Inferno sob os mares,* um péssimo drama da Guerra Fria, Fuller voltou a me decepcionar. Já ia considerá-lo como caso perdido quando vi a sua *Casa de bambu,* um filme de gângsteres americanos em Tóquio, cujo argumento era aparentemente policial, mas cujo tema oculto era a traição, a dupla traição, até a tripla traição — e isto o tornava para mim interessante: o tema do traidor entre os discípulos, Jesus e Judas, intrigante, imperecível. Havia, além disso, um uso das texturas como elemento dramático — a cortina de bambu entre a prostituta japonesa e o policial americano que dormem juntos — o que era inusitado para um diretor com frequência apressado pela ação, para não dizer descuidado para os detalhes.

Renegando meu sangue, o filme seguinte de Fuller, conseguia um tom épico por meio de conflitos psicológicos e raciais. Era como se *Casa de bambu* se tivesse estendido para o terreno da epopeia. Aqui, além disso, o tema da traição era substituído pelos conflitos da lealdade. Seu herói, um soldado sulista que se negava a aceitar a capitulação do general Lee — tentava fazer-se passar por índio para transformar-se, por sua fidelidade ao Sul, em um duplo renegado: da nação americana e da raça branca. No final reconhecia que não pertencia nem à nação americana nem ao mundo índio e voltava, com sua mulher índia, para a pradaria e o deserto, para a natureza.

O que tornava esses filmes *sui generis* é que Samuel Fuller não só os dirigia como também os escrevia e muitas vezes era seu próprio produtor: seus erros e acertos pertenciam inteiramente a ele. Depois parei de ver os filmes de Fuller, por motivos diversos e pessoais, e assim me deparei anos mais tarde com seu *A lei dos marginais*, em que o filme de gângsteres assume uma dimensão nacional, mas não há uma intenção de denúncia jornalística à maneira, por exemplo, de *Cidade do vício*, tão em voga nos anos 1950 — embora, coisa curiosa, Samuel Fuller viesse do jornalismo, ofício este que foi seu primeiro e último amor. Foi ao jornalismo passional que Fuller dedicou um de seus melhores filmes e talvez seu maior fracasso, *A dama de preto*, história do jornalismo americano na virada do século e descrição da ligação entre a notícia e a tecnologia, tão imbricada neste filme que um dos seus heróis é Ottmar Mergenthaler, retratado durante a ação de inventar a linotipo.

Os quatro últimos filmes de Fuller são, respectivamente, um fracasso menor, um êxito qualificado, um grande êxito e um estrondoso fracasso. Essas películas se intitulam *Mortos que caminham*, *Paixões que alucinam*, *O beijo amargo* e *Shark*.

Mortos que caminham é Fuller de novo no campo de batalha durante a II Guerra Mundial e é a história de uma campanha menor, conduzida pelo histórico general Frank Merrill contra os japoneses na Birmânia. O general Merrill deve travar com o exército regular uma guerra de guerrilhas para tomar posições japonesas no extremo oriental do país. Conta somente com 1.500 homens, enquanto o território birmanês fervilha de japoneses. Merrill deve travar também uma campanha contra seu próprio corpo, já que está gravemente enfermo do coração. O filme conta esta história de triunfo e de fracasso com um realismo suficiente e habitual durante quase todo o seu decorrer — mas logo surge o inesperado, para revelar o talento visual de Fuller, um diretor famoso por suas amplas tomadas, seus *travellings* intermináveis e seus planos complicados de realizar mas fáceis de ver. Ocorre quase ao final do filme, quando os batedores de Merrill tomam uma estação ferroviária. Toda a breve batalha tem lugar entre uns obstáculos obstinados: essa construção absurda é um labirinto. Assim, esta sequência se iguala diretamente com outra batalha em *Capacete de aço*, que ocorre no meio da névoa. As duas mostram Fuller como um mitificador da guerra como uma luta no centro do labirinto, cuja única saída parece ser a morte.

    Esse labirinto pode ser encontrado também na paz, e em *Paixões que alucinam* um repórter ambicioso (Fuller é sempre parcial com os jornalistas) se interna voluntariamente em um manicômio, aparentemente para investigar um crime e solucionar seu mistério. Na realidade o herói vai em busca da loucura e o hospício logo se converte em um labirinto cuja única saída parece inencontrável porque é a sanidade mental.

    A última película de Fuller que vale a pena ver talvez seja sua obra-prima. Nela Constance Towers, uma prostituta, busca sua salvação numa cidade pequena, onde esconde não só sua identidade como também seu passado. Mas ali depara com formas de corrupção desconhecidas em seu ofício. Quase se casa, mas seu noivo, o prócer da cidade, se revela um degenerado que gosta não das mulheres corrompidas, mas sim de corromper meninas. Constance Towers (atriz favorita de Fuller) o mata ao descobrir sua perversão — com um verdadeiro *coup de téléphone*. Em *O beijo amargo* (é o título deste melodrama que se torna uma tragédia) demonstra claramente seu verdadeiro ofício: trata-se de um mestre do filme B, e sabemos que sempre foi, com pequenos pressupostos, como em *O beijo amargo*, com pouco dinheiro como em *Anjo mal* e com recurso demais, como em *Inferno sob os mares*. Sua originalidade, seu gosto pela ação, sua afeição pelos atores secundários e sua comodidade em certa intimidade minuciosa fazem dele um diretor de filmes B que chegou, viu, venceu e fracassou — como em Shark (1967). Mas há algo mais. Fuller é, apesar da técnica de Hollywood, apesar dos atores experientes, apesar da fotografia sempre bem cuidada, um verdadeiro primitivo, talvez o último dos primitivos do cinema americano.

Conheci Samuel Fuller quando viajei para Hollywood em 1970. Tínhamos o mesmo agente e por acaso nos encontramos numa festa que este agente deu em sua casa. Conversamos brevemente, mas devido às distâncias em Los Angeles e ao transporte sempre precário, ele e sua mulher alemã me deram carona até meu hotel. Ao conhecê-lo, fiquei surpreso com a baixa estatura de Fuller, a ausência da truculência exibida em suas fotos e ainda em sua breve aparição em *O demônio das onze horas*, onde Godard lhe prestou uma homenagem visual depois de ter-lhe dedicado o seu *Made in USA*. Fuller, na vida cotidiana, era um velhinho amável a quem qualquer diretor de elenco teria designado no ato para o papel de sábio europeu em um filme de espionagem atômica dos anos 50. Durante o longo trajeto em seu carro, pudemos conversar. Eu quis levar a conversa, quase um interrogatório, para o terreno do cinema, apesar de conhecer sua recusa em discutir o tema.

— Qual é o momento que mais recorda no cinema?

Após um silêncio que me fez acreditar que não tinha ouvido, com o ruído do motor e com o eco vibrando no *canyon*, ele me disse:

— Foi quando descobri o cadáver de Jeanne Eagles, sendo ainda um repórter principiante.

Pareceu-me surpreendente e ao mesmo tempo esperado. Não sabia que Fuller havia encontrado o cadáver da beleza do cinema mudo que morreu vítima das drogas, mas era característico que Fuller escolhesse não uma lembrança cinematográfica, mas sim jornalística. Deixei passar um tempo até perguntar-lhe sobre seus projetos, que são sempre o único futuro possível em Hollywood.

— Não tenho nenhum. Mas vou lhe dizer qual é o meu sonho. Sei que vai lhe parecer raro. O que quero mesmo é ser dono de um jornal e dirigi-lo.

Não me pareceu raro, tendo visto seus filmes e sabendo que o projeto em que havia torrado todo seu dinheiro anos antes tinha sido um filme sobre um homem cujo maior sonho — ou pesadelo — era fundar e dirigir um jornal diário. Contudo, os melhores filmes de Fuller, mesmo os que têm a ver com jornais e jornalistas, estão bem longe do tema, já que parecem feitos não para hoje, como os jornais, mas sim para amanhã. E nesse futuro se inscrevem. Foi assim que vi a maior parte desses filmes: não no hoje de sua estreia, mas em retrospectivas de clássicos e, união do imediato com o perdurável, na televisão. Samuel Fuller, finalmente, alcançou a saída do labirinto de fazer filmes na posteridade do cinema.

Lang e os Nibelungos

Vi (no cinema sempre a primeira pessoa é singular) pela primeira vez *Os Nibelungos* na Cinemateca de Cuba, que havíamos fundado, entre outros, Germán Puig, Néstor Almendros, Tomás Gutiérrez Alea, o falecido Roberto Branly e eu e graças à generosidade de Henri Langlois, que emprestava suas obras-primas aos eternos desconhecidos. A noite da exibição (as películas vinham de Paris como os recém-nascidos) foi quase a noite da não exibição. Os entalhes da fita saltavam ou não pegavam os encaixes e a sala, o amplo porém nada dotado auditório do Colégio Odontológico, ficava às escuras até que o operador enfiava este filme mais elusivo que o dragão invisível para os espectadores. Na terceira vez em que ficamos às escuras, Germán Puig pegou o microfone e, na noite tropical, sua voz ressoou potente para dizer: "As interrupções são devidas às perfurações". E mais não disse. Germán não se referia às perfurações mais óbvias, com Siegfried penetrando o dragão por suas partes macias, mas sim a uma falha técnica. Mas sua frase, uma verdadeira *catch phrase*, foi mais memorável que o filme e a noite. *Os Nibelungos* de Lang ficaram marcados mais pela sombra do que pelas luzes e o temido dragão parece, na distância, um parente descolorido do dragão vaiado. É preciso dizer que na primeira parte o dragão é essencial à trama. Prepotente e altivo, é uma espécie de Lang *ex machina*.

Como em toda trama complicada (pensem em *A morte num beijo* ou *Um corpo que cai*) a história é simples. Siegfried mata por fim o dragão e casa com a princesa em apuros. Mas a rainha, o verdadeiro dragão, mata Siegfried e vinga o dragão. A viúva, tornada agora um dragão, casa com Etzel (Átila) que começa a aniquilar todos os burgúndios, quem quer que sejam. A lenda foi escrita agora por Thea Von Harbou, esposa de Lang, que, depois de perder seu marido no exílio por culpa dos nazistas, se tornou nazista.

Talvez a história matrimonial houvesse sido mais atraente que esse mito que nutriu Wagner e Lang. Mais interessante (e mais influente) foi Lang, antes, em *Dr. Mabuse, o jogador* e depois, claro, em *Metrópolis*. *Mabuse* foi celebrado por Goebbels, mas Lang prefere *O testamento do Dr. Mabuse* (1933), que continha elementos subversivos com seus diálogos feitos de frases tiradas de discursos de Goebbels. O bom doutor não se inteirou ou se sentiu adulado e convocou Lang a seu gabinete, à época não maior que o teatro da ópera, ambos em Berlim. (Porém mais tarde).

Os Nibelungos é um mito nórdico escrito pelos austríacos e expropriado pelos alemães. Richard Wagner, no auge de sua megalomania, o tornou seu. Todo folclore aspira à condição de poesia e Lang aceitou o desafio em imagens. Um momento memorável da lenda (a Valquíria dormindo seu sono mágico em meio a um ameaçador círculo de fogo) tem várias versões visíveis e o poema se torna fogo-fátuo. Siegfried, chamado Sifrit e depois Sigfried salta a cavalo as chamas para romper o círculo e salvar Brunilda. Mas logo Brunilda, demonstrando que o agradecimento é só para agradecidos, instiga Hagen para que mate Siegfried. Morto Siegfried, Krimilda (sem parentesco com Brunilda) mata Hagen. (Há uma versão de Robert Benchley autor e ator, que é ligeiramente diferente).

Lang vem depois de Wagner, mas esses poetas nórdicos ou germanos estiveram aqui antes. *Os Nibelungos*, o filme, não usou de início a música de Wagner (foi composta por Gottfried Huppertz) embora depois a UFA distribuísse outra versão acompanhada por Wagner. Depois Lang, acompanhado por Thea Von Harbou, visitou Nova York e dessa visita surgiu a idéia de *Metrópolis*, filme fascista que Lang atribuía "à senhora Von Harbou". Segundo alguns, foi esta concepção que os levou ao grandioso gabinete de Goebbels. Outra versão apresenta o próprio Hitler extasiado ante *Os Nibelungos*, em geral e em particular com a figura de Siegfried. A película tem o subtítulo "Canção por um herói alemão", o que conduziu a dois movimentos paralelos. Hitler disse a Goebbels: "É preciso impedir por todos os meios que Bruno Walter dirija a música de Wagner", o que foi feito, e *Get Lang*, o que se fez parcialmente. Lang conta e falsifica. Todos os diretores de cinema são mentirosos: faz parte do ofício.

Siegfried aprendeu a linguagem das aves e podia silvar como um pássaro. Apesar de seu encontro fatal com o dragão (uma espécie em perigo), Siegfried era um ecologista antigo. Os metais que soam e ressoam em *Os Nibelungos* não são o ruído da batalha mas sim o eco de quem vive à custa de outrem: Wagner pedia dinheiro em toda parte. Lang só quis o que Hollywood não lhe podia dar: independência, em vez de pendência. De Louis B. Mayer passando por Spencer Tracy até Dana Andrews sua carreira americana foi uma contenda perene. Seu monóculo, sua longa piteira fumegante e seus modos teutônicos o alienavam, mas, como na Alemanha, buscou refúgio nas mulheres. Uma delas foi Barbara Stanwyck, tão sugestiva como Brigitte Helm (herói e heroína de *Metrópolis*), porém melhor atriz. Que Lang tenha se apoiado duas vezes na atraente fealdade de Gloria Grahame (a qual inclusive desfigura ainda mais em *Os corruptos*) é um exemplo de seu cálido amor pelas mulheres, disfarçado justamente atrás de um monóculo. Um diretor que usa e não aproveita Barbara Nichols (a memorável Carmen loura de *Embriaguez do sucesso*, vendendo cigarros e amor com marca) tem que ser um amante das mulheres. Apesar de Thea Von Harbou e da Helm, o Fritz Lang de Hollywood é o melhor Lang, como o são Robert Siodmak, John Brahm e Douglas Sirk. Ophüls, um artista maior, veio, olhou, viu e voltou para a Europa em um retorno que era mais um duplo exílio adorado.

A carreira de Fritz Lang na Alemanha culmina e fica truncada pela visita ao gabinete do Dr. Goebbels: escritório interminável, mesa enorme e a ordem da Nova Ordem por toda parte. Lang se encarregou de que essa entrevista resultasse numa ambiguidade nada alemã. Há aqueles que chamam *M* pelo título de *Um assassino entre nós* e querem que seja uma alusão ao Führer antes de ser Führer: o filme foi feito em 1930, Hitler chegou ao poder pelas urnas em 1933. Outros (e entre eles às vezes o próprio Lang) dizem que Goebbels convocou Lang a seu gabinete, aduzindo que Hitler era um admirador de *Metrópolis*. Segundo Lang, o único que restou para contar, Goebbels, depois de elogiá-lo, ofereceu-lhe o cargo de diretor da indústria cinematográfica nazista. Lang recorda ter dito a Goebbels que sua mãe era judia. Goebbels, evidentemente, já sabia. "Isso não tem a menor importância", disse o ministro da propaganda. "Você é um alemão". Lang repetiu diversas vezes que pediu tempo para pensar e nessa mesma noite, sem bagagem, deixando para trás sua casa, seus pertences e uma Thea ardendo de raiva, tomou o expresso noturno para Paris.

Prefiro crer que o filme preferido de Hitler seja *Die Nibelungen* porque o Führer acreditava não só nos horóscopos como também achava que era um mito teutônico encarnado. Que melhor representação mítica do que a saga dos Nibelungos, cheia de ruído e frenesi que significam o poder total e o amanhecer dos deuses nórdicos? O filme de Lang é uma excessiva reprodução da imaginação delirante de Arnold Böcklin, cuja influência na arte alemã deste século é espantosa. Göring se apropriou de quadros de Böcklin, Hitler, menos ousado, só de sua mitologia, Lang, mais visual, organizou seu afresco móvel segundo a ordem visual de Böcklin. Os três são, a sua maneira, criadores pangermânicos. Curiosamente, o único dentre eles não alemão era Hitler.

Miriam Gómez me pergunta de supetão: "E quando foi a última vez que viu *Os Nibelungos*? Respondo na bucha: "Em 1950". Faz já 40 anos, mas padeço de memória súbita. Recordo um falso arco-íris e a profusão de lanças e sua duração excessiva, que me fez chamar o filme de *Os Nibelongos*. Recordo também que, como em *Tristão e Isolda*, em várias versões, os amantes estão condenados pela virtude do amor. É prodigioso o que alguém pode recordar de uma película memorável. Sobretudo quando toma notas. Devia falar dos símbolos, mas vi o filme em Havana e, como diz Fritz Lang, na América não se precisa de símbolos.

O PRIMEIRO VOO DA GERAÇÃO PERDIDA

Num dia de 1925, uma senhora gorda e sua pequena acompanhante, as duas americanas, as duas judias, atravessaram Paris em uma carruagem sem cavalos. A senhora gorda era na realidade enorme e usava o cabelo curto bem curto. A senhora pequena usava cabelo grande, embora não fosse maior do que seu bigode. Era um bigode bonito para os que gostam de bigodes grandes e parecia muito com os bigodes dos generais da revolução mexicana. Foi graças a Marlon Brando, tempos depois, que este bigode ficou conhecido como bigode *à La* Zapata. A senhora pequena estava muito orgulhosa de seu bigode zapatista, que mantinha erguido com cera de bigode. A senhora gorda parecia um monumento a uma senhora gorda e Picasso lhe fez um retrato clássico em que se via como a clássica senhora gorda. Agora a senhora pequena indicava o caminho e a senhora gorda guiava.

Pausa para um comercial. O carro que a senhora gorda dirigia era um Ford de oito cilindros.

A senhora gorda se chamava Gertrude Stein. Era escritora, rica, e nunca teve que escrever em algum periódico. Conhecia todo mundo em Paris e todo mundo em Paris a conhecia. Por todo mundo, à época, entenda-se Picasso, Juan Gris, Sherwood Anderson, Scott Fitzgerald e, claro, Ernest Hemingway, que escrevia num periódico. Foi Hemingway quem contou a história da travessia de Paris mas não em um periódico. Também disse que teria gostado de deitar-se com Gertrude Stein. Talvez porque fosse lésbica. Ninguém sabe o que teria dito Gertrude Stein, mas todos sabemos o que disse Alice B. Toklas, que era a senhora pequena, notória nos anos 60 porque deu a receita de uma torta ao *haschish* sem *kitsch* . Peter Sellers provou. E aprovou.

Gertrude Stein estava orgulhosa de seu Ford e de Alice B. Toklas, nessa ordem. Alice B. Toklas só tinha olhos para Gertrude

Stein sempre e para a estrada agora. Gertrude Stein sabia que não havia outra mulher à vista que se atrevesse a dirigir um carro nessa noite ou em qualquer outra noite. Agora, ainda de dia, ia pedir uma segunda opinião a um mecânico do *banlieu* que lhe haviam recomendado como perito em carros americanos, embora não soubesse inglês. Os outros mecânicos franceses não sabiam inglês e nada entendiam de carros americanos.

Este mecânico tinha vários ajudantes que se comportavam como vagabundos guturais. Nenhum deles fez o menor caso nem do francês de Gertrude Stein nem de seu carro americano. O dono interveio. Era um mecânico perito e ajeitou o carro em menos tempo que se diz de um Ford de oito cilindros. Gertrude Stein perguntou o que havia com a rapaziada inútil e o mecânico lhe disse em francês: *"C'est une génération perdue, madame"*.

Gertrude Stein achou esta frase lapidar e a traduziu para o jovem Hemingway, que não sabia francês: "É uma geração perdida". Hemingway soube apreciar a ironia da frase francesa e quis apropriar-se dela para o título de primeiro romance. Mas finalmente decidiu o contrário e chamou seu livro de *E agora brilha o sol*, má escolha sem dúvida. *A geração perdida* teria podido ser tão pertinente como a Era do Jazz de Fitzgerald. O título em inglês, *The Sun Also Rises*, se fez famoso na época em que o produtor David O. Selznick casava com a filha de Louis B. Mayer, hierarca da Metro Goldwyn Mayer. Ao casar-se o sogro promoveu o genro e ao fazê-lo criou uma paródia, *the son-in-law also rises*. Ou o genro sempre sobe. Desde então esse título parece um subtítulo.

Hemingway, queiramos ou não, é o mais influente escritor americano nascido nesse século. Sua influência no cinema americano é enorme. Seus contos foram publicados antes da chegada do som, mas seu primeiro romance saiu em 1927, justamente quando o cinema mudo se tornou falado. A maior parte dos roteiros de então eram comédias da Broadway, mas pouco mais tarde cada personagem de cada filme de Hollywood não só falava como os personagens de Hemingway como também bebiam e eram alegres mas infelizes, tal qual os personagens de Hemingway. Logo não se podia saber se os personagens de Hemingway falavam como atores de cinema ou se os atores de cinema falavam como personagens de Hemingway. Um poderoso paradigma é *Relíquia macabra*, em que todos os personagens de Dashiell Hammett falam como personagens de Hemingway e um ator em particular, Humphrey Bogart, falará para sempre assim. Até o diretor John Huston se mostraria um epígono como pessoa e como personagem. Tudo por culpa de alguns americanismos e uma repetição encantatória.

Em *E agora brilha o sol* os personagens estão feridos metafisicamente, não pela guerra mas sim pela paz. Em *O último voo* os personagens foram feridos na grande guerra. Inclusive se vê como ficaram inválidos e há até um médico militar que diz, ao vê-los sair do hospital: "Aí vão eles, enfrentar a vida enquanto seu treinamento foi todo uma preparação para a morte". Depois diz, fulminante: "Balas gastas, é o que são". Se esse diálogo não tem um antecedente em Hemingway, os personagens descritos se comportarão em segundos como personagens saídos de *E agora brilha o sol*.

Os personagens de *E agora brilha o sol* saem de Paris para o brilho do sol de Pamplona para ver a tourada de rua. Dali vão para Madri, não para morrer, mas sim para viver e beber. Em *O último voo* vão a Lisboa, para ver os touros. Mas em Lisboa ninguém mata os touros na arena. É aqui, contudo, que a tragédia ausente de *E agora brilha o sol* está bem presente, na arena. É uma tragédia de contrastes: a tourada é uma simulação, mas os touros são sérios, Depois, na noite de Lisboa, a tragédia se repete e o filme termina em uma nota triste como um fado. Mas fado quer dizer destino. Não precisam vocês se deprimir, porém. Helen Chandler tem a última palavra e sua frase final é um memorando: é preciso recordá-la para ela. Helen Chandler, caso não lembrem, é a bela heroína perseguida por Bela Lugosi em *Drácula* e, como mostra este filme, uma das mulheres mais graciosas de todo o cinema americano. Não é de surpreender que todos se apaixonem por ela.

O último voo é sem dúvida uma obra-prima. Não fosse assim, eu estaria agora vendendo ingressos para *Dirty Dancing*. Este é o melhor filme que se fez sobre a geração perdida e isto inclui o original que, com o título de *E agora brilha o sol*, se converteu, anos mais tarde, em uma zombaria impensada. Tyrone Power entra em uma boate espanhola e, quando sai o moço na Plaza Del Sol,

Power pede: "Dois *fundadors*, por favor". O garçom, linguista que é, lhe traz xerez.

Richard Barthelmess é, como em *Paraíso infernal*, um anti-herói. É sua melhor atuação em uma vida no cinema. Barthelmess parece um ferido perene: é cortado por cicatrizes mentais e morais. Nesse filme é como o improvável cruzamento de um Cary Grant encolhido e um Peter Lorre bonito. É uma façanha histriônica, já que não viveu como Peter Lorre (morfinômano e mulherengo) nem como Cary Grant — rico mas tacanho. Já Helen Chandler deixou o cinema para casar-se com um escritor pobre e viveram infelizes até o fim de seus dias. Morreu em 1965, sem ter completado os 60 anos e ainda bela. Teve uma feliz frase final: "Os escritores me deram os melhores diálogos e a pior vida".

O último voo é um filme mais leve que o ar. Foi dirigido por William Dieterle, famoso por suas biografias filmadas: Pasteur, Juárez e Zola que devia chamar-se "o que Zola quer". O resto era "Paul Muni o consegue", monstro sagrado da Warner. Depois fez *O corcunda de Notre Dame*, uma corcova que lhe deu sorte, *O homem que vendeu a alma* (que foi o que fez com a Warner Brothers), filme que se chamou originalmente *Tudo que o dinheiro pode comprar*. Sua obra-prima, quase ao final da carreira americana, foi *O Retrato de Jenny*, que, assombrosamente, era o filme preferido de Luis Buñuel — ou assim dizia ele.

Dieterle foi, como todos os diretores alemães, autoritário e espetacular e tão íntimo como uma fornicação debaixo da Eros de Piccadilly. Ia ao estúdio filmar trajando calças de montaria, botas de cano alto e no olho um monóculo. Também usava luvas brancas, talvez para manejar os atores. Que pudesse fazer cinema com esta ostentação é em si uma façanha. Que tenha feito uma ou duas grandes películas é quase um milagre. Como Fritz Lang, Robert Siodmak e Douglas Sirk, Dieterle regressou à Alemanha para morrer. Pertencia à Escola do Elefante Ferido, que faz cinema por suas presas e depois procura seu cemitério.

Entre todos os pilotos mortos está David Manners, que tinha fama de ser um dos atores mais belos do cinema de seu tempo. Manners é o herói de *Drácula*, *A múmia* e *O gato preto* e o homem que competia em beleza com Katharine Hepburn em *Vítimas do divórcio*. É o único do grupo que ainda vive. Aposentou-se a tempo de montar com seu amigo um antiquário em Nova York. Também escreveu vários romances enquanto esperava cliente. Não deixem de ver, se virem *O último voo*, Eliot Nugent, que depois se tornou diretor e sempre se fez de louco, até que terminou louco. Nugent tem aqui uma das despedidas de cena mais misteriosas, comovedoras e trágicas do cinema. Mas não esqueçam de olhar Richard Barthelmess, um de meus atores preferidos de sempre. Existem poucos mais trágicos em Hollywood. De Griffith a Howard Hawks sempre deu uma nota curiosamente pessoal. Foi um mestre da economia de meios e moralmente era um parco nato. Se o mestre do zen (ou Zenão) me mandasse buscar um estoico, não teria que ir muito longe. Apenas subir à tela e dizer: "Dick, vou com você". Seu olhar claro, claro, sumiria comigo em um *fade out*.

O METRÔ DE BUDAPESTE

Por ter visto *Meia-noite* quando menino, eu me tinha dado conta em seguida de que é outra vez Cinderela, convertida agora em um conto de fadas, fados e desenfados. Em dado momento do filme, a heroína Claudette Colbert explica: "Cada Cinderela tem a sua meia-noite", e até diz a Don Ameche, seu herói inquieto que é um chofer de táxi húngaro na Paris de antes da guerra, referindo-se a seu veículo: "Esta é uma abóbora e você é a fada-padrinho" ou inversão pelo estilo. Mas vi *Meia-noite* na TV (compartilho esse prazer minoritário com alguns espanhóis insones), esse museu do cinema vivo. Assim me deu trabalho entender que o título aludia à meia-noite fatal em que Cinderela corre como em um pesadelo (assim são os contos de fada: sonhos recorrentes que atormentam) para evitar que as continhas voltem a ser mostarda, que os sapatinhos de cristal se tornem de novo sandálias (ou pior, chinelos) ou o suntuoso veículo sonhado volte a ser uma carroça ordinária.

A Cinderela atual dorme em seu vagão de terceira classe ou ao menos assim parece, vinda de Montecarlo arruinada e chega a Paris de noite e debaixo de chuva: a Cidade Luz fundida. Encontra sob a chuva um chofer que é um velho lobo do mar embora não tenha 30 anos. Chama-se Tibor Czerny (sem parentesco com o compositor de exercícios para os dedos) e para fugir de suas fauces velozes entra em uma cova social onde deve assumir outra identidade: a baronesa Czerny. No salão de moda conhece John Barrymore, que se converte em sua verdadeira fada. Ao fugir com sua identidade até o Hotel Ritz, um nome ao acaso, Cinderela descobre que no hotel a espera uma suíte se não real pelo menos régia. No dia seguinte desperta não na dura realidade de uma cidade inóspita (todas as cidades o são) mas sim com o presente de um vestuário e com um convite para o *château* de campo de Barrymore, cujo nome é Georges Flammarion e está tão distraído como o celebrado astrônomo francês, que via inúmeros espíritos amáveis através de seu telescópio para olhar as estrelas. O que se segue é uma comédia de situações à maneira dos anos 30, quando o humor falado melhor competiu com a comédia silenciosa. *Meia-noite* é na realidade a culminância do gênero da comédia louca e não é por acaso que Claudette Colbert esteja nas melhores delas, desde *Aconteceu naquela noite*, em que fazia sofrer o tosco Clark Gable, como a Gary Cooper em *A oitava esposa de Barba Azul* e o jovem Joel McCrea em *Palm Beach*. Esta Eve Peabody é mais sedutora do que impostora e na sua pele Claudette Colbert mostra um estoque de ardis que são arte: uma lição de como evitar os homens e encontrar um bom marido. Quando Ameche se disfarça do barão que é ou pode ter sido e chega para resgatá-la da companhia de lobos ou de ricos com mania lupina, ela o acossa, lhe prepara armadilhas ou o reduz à domesticidade, demonstrando que a mulher é um lobo para o homem. Ameche apareceu no castelo vestido de fraque e quando ela tenta amansá-lo em seu quarto, ele diz a ela: "Cuidado! Estou usando um traje alugado". O que convém a um chofer de táxi mas não ao pretenso nobre húngaro barão Czerny, agora sem parentesco com Karl Czerny, que ensinou a Franz Liszt, autor de impetuosas rapsódias. A deliciosa Claudette, com parentesco com Colette, sorteia seus pés calçados por entre as armadilhas e obstáculos, ajudada por Barrymore, terceiro em concórdia. Ao vê-la pela primeira vez e para conhecê-la, Barrymore pergunta a Claudette: "Já terminaram o metrô de Budapeste?" E ela morde a isca e o anzol. Eve Peabody não pode ser a baronesa que pretende: o metrô foi concluído em 1883. O filme, claro, tem um final feliz: é uma comédia e este gênero é sempre menos realista do que o drama, que insiste em cortejar as lágrimas e a casar-se com a tragédia.

Meia-noite foi escrito (e este é um filme que não esconde a literatura de seus diálogos nem a paródia de sua origem) por Billy Wilder, que já no final dos anos 50, bem longe dos felizes 30, fez *Quanto mais quente melhor*, uma obra-prima intitulada com grande acerto na Espanha *Con faldas y a lo loco*. Wilder tinha seus antecedentes em outras películas escritas por uma mente demente, como *Bola de fogo* (paródia de "Branca de Neve e os sete anões") e *A incrível Suzana* (Chapeuzinho Vermelho ruiva: assim era Ginger Rogers em seu esplendor dourado), contos de fada para adúlteros ou canção de ninar para meninos pródigos. Durante todo tempo que durou a filmagem Wilder pelejou com Mitchell Leisen, um dos diretores mais excêntricos de Hollywood. John Huston o reduziu a mero decorador de sua casa de casado, Wilder diz que Leisen era capaz de interromper a filmagem para arrumar a borda de olho de uma atriz secundária. Mas o certo é que Leisen teve que lutar com Wilder e com Barrymore para conseguir o que é sua obra-prima. Um dos homossexuais mais escandalosos do cinema, era também um homem de apurado gosto visual, e, embora desdenhasse igualmente diálogos e construção dramática, teve em *Meia-noite* uma comédia que Wilder levou anos para igualar sem superá-la. Esta é a obra-prima do gênero e uma das películas mais vivazes que Hollywood já fez. Apesar de uma indiferente Mary Astor no papel rico (talvez como ressaca do escândalo, ao tornar pública sua vida privada: se não houver crianças presentes, eu a contarei algum dia) e da esplêndida aparição de John Barrymore na tela mas também, ai, no *set*, segundo Leisen. Em um de seus dias mais sóbrios (Barrymore vivia na bruma do álcool, que é pior do que a fumaça de um charuto) ele entrou, por engano ou não, no toalete feminino. Estava já urinando quando a zeladora entrou e gritou: "Este é para as mulheres!" John Barrymore, o doce príncipe, como o chamavam, se voltou para a intrusa e, ainda com o pênis na mão, lhe explicou: "E este também". Mitchell Leisen não achou graça na história, mas seu filme faz damas e cavalheiros rirem a valer. Para que *Meia-noite* realize sua magia, *nunca* se deve exibi-lo depois da meia-noite.

TRÊS ERAM (SÃO) TRÊS

Muitos me têm perguntado por que John Ford está ausente de meu livro *Arcadia todas las noches*. Os ensaios recolhidos neste volume, muitos anos depois de ter deixado de exercer a crítica, eram conferências ilustradas. Como não pude incluir *Rastros de ódio* por estar destruído (em Cuba se queimavam os faroestes como o padre em *Dom Quixote* queimava livros), me neguei a falar somente de *No tempo das diligências,* tão visto, tão ouvido, e os filmes menores de John Ford, todos inócuos ante essa grande tragédia da pradaria que nega Aristóteles. (O grego achava que a tragédia só poderia ter lugar em espaços fechados.) *Rastros de ódio* é a única dessas três películas que pude resenhar no pouco tempo em que fui crítico de cinema (pouco mais de cinco anos), mas por motivos que não cabe mencionar aqui, deixei-a de lado. Como *Meia-noite* e como *No silêncio da noite*, só fui vê-lo na Inglaterra, em seu idioma original e, atenção, na televisão. Este é o único filme em cores que escolhi. Entre outras coisas porque o cinema em preto e branco é para mim o verdadeiro cinema, ou aquele de que realmente gosto. Não estou sozinho: outros cinéfilos, como Nestor Almendros e Woody Allen, compartilham minha afeição. Lamentavelmente, um filme em preto e branco hoje é uma raridade, pavão-real branco, tigre das neves. É quase um monstro: um albino. *Rastros de ódio* é, não posso esquecê-lo, uma das obras-primas de John Ford. Acusado de racista, de reacionário e até de solene, este filme belo e fatal se move com o passo lento e deliberado das grandes ocasiões e é, efetivamente, uma película que toma seu tempo, apesar de durar menos de duas horas. Ao lado de *O portal do paraíso*, por exemplo, é uma chama viva que se apaga antes de que possamos vê-la. Mas podemos recordá-lo (e celebrá-lo) como, possivelmente, o melhor *western* que já se fez. Ou, em todo caso, como um que nunca voltará a se repetir. John Wayne é, como o Cid de Charlton Heston, uma figura nobre apesar de suas debilidades (ou baixezas) e uma figura nobre apesar de suas debilidades (ou baixezas) e sua odisseia ao contrário, como a de Ulisses, é também a história de uma obsessão. Não pode haver um senhor, ou ator, mais magnífico.

Como *Meia-noite* e ao contrário de *Rastros de ódio*, *No silêncio da noite* é um filme que nunca pude resenhar. Entre outras coisas porque estreou em Cuba em 1950. Eu o vi na TV na Inglaterra, em versão original, e está, como *Meia-noite* e *Rastros de ódio*, em minha coleção de vídeos. Mas esta cópia não empresto jamais, tal é sua raridade. *No silêncio da noite* é dirigido por um de meus preferidos, Nicholas Ray (enquanto *Meia-noite* é dirigido por Mitchell Leisen, a quem John Huston, ridículo!, rebaixou a decorador de sua esposa à época, Evelyn Keyes!) e foi produzido pela Santana. Como se sabe, a Santana era a produtora de Humphrey Bogart. A história é sucinta, de um escritor de Hollywood (outra coisa é um escritor em Hollywood) e pareceria raro que o personagem interessasse tanto a Bogart. É que em cada ator há um escritor pelejando para vir à tona. (Veja-se o caso de Tom Tryon, ou, mais próximo, de Fernán Gómez. Ou as múltiplas biografias dos atores que foram do cinema.)

À parte Humphrey Bogart. Gloria Grahame é uma de minhas *vamps* vãs (ela sempre perde no final, vencida pela vida, como todos os demais) e em *No silêncio da noite*, dirigido por seu então marido Nicholas Ray, nunca esteve melhor. Esse esplêndido lábio grande paralisado por uma novocaína natural, essa boca feita para a displicência mais audaz, esses olhos pelados porque já viram tudo são de uma fealdade tão atraente que vê-la é o mesmo que encontrar-se com a Duquesa Feia revivida (ou rediviva) três séculos mais tarde. Só seu corpo (que não é grande coisa: o que a faz parecer com outra grande feia do cinema, Ida Lupino) nos pode revelar sua alma. Como o fazem em *Os corruptos*, onde com menos elementos que Rita Hayworth, nos revela sua magnificência sempre menor e ao deixar cair negligentemente sua estola de arminho se mostra como um toureiro que não teme nenhum touro — embora ele se chame Lee Marvin. Essa Heroína (na verdade, ela é a droga) conhece o amor, o desdém, o ódio, o medo e o fastio em algumas incursões a esse lugar solitário a que o título alude e ela elude.

Mal falei de Bogart como escritor, que retrata tão bem a violência de uma espécie de Norman Mailer menor (ou é talvez Mailer sem tirar nem pôr?), para quem escrever é atacar a máquina como se fosse outro competidor ou uma esposa. Afinal de contas, não foi Mailer quem apunhalou sua mulher uma madrugada? Em todo caso, Bogart é crível quando está violento, deixa de sê-lo como o escritor lento a quem não causa medo a página em branco mas sim a tela vazia. Ambos, Bogart e Grahame, convergem na história de amor que é o centro deste magnífico melodrama.

Em um lugar do inferno

Os filmes são feitos para ser contados. Sua visão, na lembrança, é o conto que conta um conto. Quando um espectador encontra outro numa esquina, outro que não viu o filme, ele sempre faz uma pergunta que é apenas uma pergunta: "Do que se trata?" A resposta é contar o filme ou fazer uma sinopse oral. "Então vá assistir", diz o que viu o filme ao que não o viu. Um crítico é sempre um avanço do progresso da trama — ou do tema. Já na primeira página, na primeira frase de *Tristão e Isolda*, o autor faz uma pergunta que contém todas as respostas: "Querem que eu lhes conte uma história de amor, de loucura e de morte?"

Essa pode ser a premissa maior de *No silêncio da noite*. Dixon Steele (Humphrey Bogart como nunca, melhor do que nunca) é um escritor no purgatório de Hollywood. Leva o aço no seu nome e na ponta de sua língua: é agudo e penetrante nas suas respostas e pertinente, impertinente, em não poucas perguntas. Vive precariamente porque é o último dos justos, aquele que dá ao estúdio o que merece. (Estúdio significa aqui produtores na mesa de montagem ou a mediocridade a galope.) Steele só tem dois amigos: seu agente, o pequeno grande Art Smith, e um antigo tespiano, como ele mesmo diz: um velho ator dissolvido em álcool, Robert Warwick, reduzido no filme a ator secundário quando contracenou com John Barrymore. Logo se verá que Bogart foi amigo de um tenente de polícia (o sempre excelente e malogrado Frank Lovejoy) que agora é seu anjo guardião — ou só seu guardião.

Por seu caráter — mordaz, agressivo, independente — Bogart aparece na lista de indesejáveis de cada estúdio. Mas graças a seu agente consegue um possível trabalho que, ao contrário de todos os escritores, consiste em ler um livro para adaptar. Como todos os escritores, Bogart dá o livro para outro ler: neste caso, justa escolha, a encarregada do guarda-roupa de um restaurante, que já leu esta amostra-prima. (Ler isto com ironia.) Bogart bebeu e, meio de pileque, leva a moça até sua casa para que lhe conte a história. Bogart, como sempre, está mais interessado no cérebro do que no sexo das mulheres e, quando a mulher o entedia por ser uma tola, ele a manda passear — ou para casa num táxi. O que ficar mais longe. Na manhã seguinte a mulher aparece morta na estrada. Aqui, e para que o primeiro ato termine mal a polícia intervém para acusar Bogart de suspeito de assassinato em primeiro grau. (Grave, muito grave.) Mas pela estreita porta do recinto policial Bogart entra em seu paraíso — que é outro nome para o inferno.

Intervém agora a loura Isolda, Gloria Grahame, mais feia porém mais sedutora do que nunca: esse rosto lançou mil papéis e todos foram bons. A única coisa que não perdoo no finado John Kobal, que sem ser astrônomo colecionava estrelas, é que não me apresentasse a Grahame quando os dois eram um casal em Londres. Os colecionadores costumam ser zelosos. Mas há um motivo para esta atitude. Gloria com frequência teve de lidar com escritores, como Dick Powell, que era seu marido e querido cornudo em *Assim estava escrito*. Ali ela era a esposa de um escritor de *best-sellers*. Em *No silêncio da noite* é amante de um roteirista, escritor frustrado. No primeiro filme ela morre em um avião, enquanto voa para um adultério, no segundo quase mata Bogart de amor. Causadora de ciúmes no circo em *O maior espetáculo da terra*, o domador Lyle Talbot quase lhe esmaga a cabeça loura com a pata de um elefante. Em *Os corruptos* Lee Marvin joga-lhe no rosto uma cafeteira de café fervente. Tolhida mas não vencida, Gloria faz de seu trânsito uma carreira estoica. Em *No silêncio da noite*, que é onde vão morrer os elefantes literários, ela salva Bogart do cárcere e talvez da morte. Como lhe retribui ele, ciumento odioso? Torcendo-lhe o pescoço até quase asfixiá-la. Pareceria que, como Olga Guillot, ela cantasse: "Sempre fui levada pelo correio." Mas Gloria parece dizer que no sofrer está o prazer.

Em *No silêncio da noite*, como um anel de noivado, Bogart lhe recita um versinho que é um programa romântico: "Nasci quando você me beijou." Bogart não é culpado de assédio sexual mas sim de abuso físico. Quase como em *Inspiração trágica* é um amante demente, capaz de explosões de violência mortal, mas indiferente ao sexo. A Grahame nunca esteve mais apetecível: aparece cheia de ornatos de apaixonados. Essa mulher não é filha mas sim consorte do maltrato. Bogart, por sua vez, apresenta uma capacidade de violência quase patológica: ele todo *mens insana*, ela de *corpore sano*: nunca insepulto. São os dois um par romântico ao qual o amor conduz quase à morte, a uma morte de amor. Mas a uma segura morte do amor.

No silêncio da noite é contudo o filme de amor perfeito — não a crônica. Parece uma versão branca de *Otelo* em que Desdêmona é inocente e ao mesmo tempo culpada de amar Otelo, enquanto que o ciumento *in extremis* é agora um roteirista de cinema e quase seu próprio Iago: ganha a vida urdindo tramas que vende — ou que não chega a vender neste filme. Em ambos os casos, Otelo ciumento e Iago vilão de si mesmo, a dimensão do drama se faz melodrama, forma favorita do cinema, e a tragédia incompleta não impede de se ver a trama por trás da trama, quase caseira. Nicholas Ray aparentemente se apaixonou por Gloria Grahame e foi contratado para realizar um novo projeto concebido por e para Humphrey Bogart que se converteu em uma declaração especial e dolorosamente pessoal. (Bem mais adiante.)

Além de filme romântico *No silêncio da noite* é um *film noir* "que cumpre com as especificações do gênero de uma maneira cabal", segundo Kobal. Estreado sem pena nem glória encontrou seu nicho *noir* em preto e branco na TV. Sobretudo na Inglaterra, onde é passado e repassado com mais frequência que todas as fitas de Ray — incluindo *Juventude transviada* em cores. Esta glorificação de Gloria Grahame foi, desde a primeira visão nos anos 60, um de meus filmes favoritos, que vejo uma e outra vez como cinema romântico, como *film noir*, como cinema *tout court*. Graças, tenho certeza, a Gloria Grahame: como antes, melhor que antes.

Pauline Kael, que sabe mais, chama Gloria Grahame, junto com Jean Harlow, Lana Turner e Kim Novak, de "uma presença iconográfica". Nunca estive tão de acordo com a Kael. E mais, nunca estive de acordo como agora: chamar essa GG de ícone é um ato de justiça fílmica.

Em *Melvin e Howard*, sua penúltima película, Gloria pelejava contra o câncer invisível e com a presença bem visível de Mary Steenburgen, que é outra dessas belas feias de Degas, que são atrizes fora de molde. Kael, de novo, fala de "a maravilhosa qualidade plebeia" de Gloria, ao compará-la com a loura da moda Cybill Shepherd, e acrescenta ante sua escassa técnica que "não tem seu controle como atriz". Embora, continua, "ela desperte a mesma ânsia de vingança masculina". "Os homens", conclui, "queriam pegar (a Gloria) e apagar-lhe da cara esse sorrisinho maroto."

Nicholas Ray, seu marido e futuro sogro, fala de como Gloria Grahame entrou em *No silêncio da noite* e em sua vida. "Quer dizer", declarou Harry Cohn, o *boss of bosses* (tradução para a língua de Hollywood do italiano *capo di tutti capi*), "que tem problemas com sua jovem dama." "Não tenho nenhum problema", disse Ray. "O que não quero é Ginger Rogers." "Quem você quer?" "Gloria Grahame." "Está casado com ela, não?" "E que diabo isso tem a ver? Ela é perfeita para o papel." "Bem, diga a seu chefe (Howard) Hughes que venha falar comigo." Hughes falou com Cohn, mas no seu território e na sua hora. "Diga a ele", falou para Ray, "que me encontre na esquina de Santa Mônica com Formosa à meia-noite, no posto de gasolina que tem ali." Harry encontrou Howard nessa esquina perigosa e ele o fez entrar em "seu Chevrolet asqueroso e ficou dando voltas por todo o bulevar a noite toda!" Resultado: Cohn, depois de outra entrevista maluca, concordou que Gloria Grahame fosse Laurel Gray. De maneira que não só devemos essa aparição gloriosa (de Gloria) a Nicholas Ray como também a Howard Hughes. *Sic transit.*

Ao contrário do que se crê, Ray não conheceu Gloria Grahame durante a filmagem de *No silêncio*. Já se haviam casado e separado antes de começar o filme, que agora nos parece autobiográfico. Mas foi Ray quem a impôs a Howard Hughes, à época não só produtor de raros espetáculos como também dono da RKO. Embora *No silêncio* fosse uma produção para a Columbia, seu czar, Harry Cohn, temia, como todos, a autoridade do dinheiro que Hughes gastava no cinema. Cohn quis impor Ginger Rogers como a protagonista que amava e odiava Humphrey Bogart. Ginger Rogers, uma das grandes belezas do cinema, com cabelo e sardas tão *sexy* como a pele de Louise Brooks, não era, não podia ser, deve ser dito, tão comovedora quanto Gloria Grahame — e eu não estaria escrevendo agora sobre essa atriz talvez única. Embora dominado pelo *sex appeal* de Ginger Rogers (muito minguado), nada seria o mesmo, porque Gloria é a Laurel e esta Laurel que vive mais além da morte da atriz é Gloria *in excelsis*.

Nicholas Ray, um homem cruel com todos e consigo mesmo, nunca esteve apaixonado por Gloria Grahame e casou com ela de rebote e por insistência dela. Gloria nunca esteve melhor do que nesse papel de mulher apaixonada, presa da violência e por fim abandonada. Mas, ao contrário de Ray, então Bogart foi um perdedor total que, claro, perdia também Gloria. Em um nível atual Bogart é abusador com todos: com seu agente, com um motorista que passa, com sua mulher que não será nunca sua mulher. Gloria o ama, amará talvez para sempre: ela nasceu quando ele a beijou. Esse amor, cruel sentimento dramático da vida, foi o que sentiu Gloria Grahame por Nicholas Ray. Ela, que era a mulher infiel por antonomásia em quase todos os seus filmes (exceto, ironias da arte, em *No silêncio da noite*), foi fiel a Ray mais além da morte (ele morreu em 1979, ela em 1981) e casou com o filho dele. Querem um melhor conto de amor e de morte?

DE ENTRE OS ZUMBIS

Quando estreou *Vampiros de almas* (*Invasion of the Body Snatchers* — seu título agora parece outro filme a mais de George A. Romero), alguém escreveu que era uma alegoria anticomunista. Anos depois se disse que era uma referência clara ao macartismo. O pêndulo da ambiguidade havia completado seu vaivém. A realidade é que *Vampiros de almas*, dentro do gênero que inaugura e que transita ao mesmo tempo pela ficção científica e o horror, é uma película antitotalitária: não há outra maneira de vê-la. Mas que as palavras alegoria e totalitário se refiram ao que foi um pequeno filme B, para ser exibido como contrapeso em programas duplos, mostra até que ponto a obra-prima de Don Siegel (quando ainda não se assinava Donald Siegel), ao ser fiel a sua época, era uma película visivelmente adiantada — e copiada às vezes e até calcada depois em um *remake* inútil, por suntuoso, outro *remake* de Abel Ferrara. Só há um axioma para o espectador: os que não recordam as velhas películas estão condenados a vê-las requentadas. (Vide *Psicose 2*, *Testemunha de acusação*, *A noiva de Frankenstein*, todas *remakes* ou continuações.)

A história é simples. Um médico jovem (Kevin McCarthy, irmão de Mary mas sem parentesco com o senador Joseph) regressa a sua cidadezinha de Santa Mira após uma breve ausência e descobre estranhos sintomas entre os vizinhos: uma moça diz que seu tio não é seu tio, um menino chora porque sua mãe parece sua madrasta: até certo grau são idênticos porém estranhos. A enfermidade não consta dos livros de medicina (um *dejà-vu* convertido em *jamais-vu*) e o médico se limita a encaminhar seus pacientes ao psiquiatra local. (Como são os anos 50, o povoado já tem analista.) Nessa noite, porém, um amigo escritor (sabe-se em seguida que é escritor: fala com um cachimbo na boca) convoca o médico a sua casa e lhe mostra, pálida sobre verde (está sobre uma mesa de bilhar: há filmes em preto e branco que, em sua intensidade, chegam a evocar a cor), uma estranha visita não convidada: um facsímile exato, não informe mas ainda em formação, da verdadeira fisionomia do escritor, quase como um convite a uma imortalidade prematura. Logo aparecem outros duplicados dos próceres do povoado e até dos mais humildes. A epidemia não reconhece classes: todas as cópias são iguais, ainda que, por sua conduta, algumas cópias sejam menos iguais que outras. Assim o psiquiatra terá outro psiquiatra por cópia, mas o jardineiro continuará sendo jardineiro. Só o seu caráter mudou: todos são de uma passividade extrema e parecem na verdade zumbis. No final, para horror do médico, ainda *sui generis*, aparece a réplica de Dana Wynter, sua noiva mais bela do que nunca, quase caquética mas dourada pelo sol da Califórnia. (Por que objetar duas Damas então: uma para o verão? Por que objetá-la? Porque uma é uma cópia clônica na qual todo o ardor perecerá.) As cópias (humanas mais que humanas: caminho da utopia) aparecem por toda parte. Saem de umas vagens verdes gigantes que parecem o alimento de deuses dementes: todo verdor é cruel. São na realidade a investida de alguns *aliens* que querem substituir cada ser humano individual por uma cópia perfeita, como um manequim de cera animado: são os zumbis brancos que vêm de entre os vivos. É o amanhecer dos magos malignos.

A fuga de McCarthy e Dana Wynter, ainda *virgo intacta*, de uma sorte pior que a morte — a vida futura perfeita e eterna: o paraíso na terra — é o que faz com que ao terror de perder a identidade se acrescente o horror de ver-se rodeado por um mundo perfeitamente inocente, cotidiano e no entanto hostil — até que a catequese noturna faz de você um convertido. O momento em que McCarthy descobre que durante o sono Dana Wynter também foi trocada (sua cabeça, sua mente, seu espírito) e sua fuga sozinho e a posterior descoberta de que todo o pesadelo sofrido na pequena Santa Mira (não Santa Maria) ocorrerá em outros povoados do condado, em outras cidades sitiadas e, finalmente, no mundo inteiro, transformado em uma urbe operária: tudo isso é o que faz do breve *Vampiros de almas* (apenas 80 minutos mesmo contando o prólogo imbecil e o epílogo anódino imposto pela Allied Artists ou pelo estúdio, fosse quem fosse: dourar o lírio aqui significa tirar os espinhos da rosa) uma alegoria política, um aviso sutil e o encontro da ficção científica com o cinema de horror político, onde Orwell conhece o Dr. Pretorius: o comunismo é Marx mais *ersatz*.

Trinta anos mais tarde a ficção científica se tornaria horror puro em *Alien*, que não pretende mais que o entretenimento pelo choque nervoso, porém *Vampiros de almas*, uma obra-prima do filme B, mostra que o verdadeiro *alius* não vem do espaço exterior: já está dentro, *alienus*. *Vampiros de almas* é o oposto de uma metamorfose kafkiana: o ser foi substituído pelo perfeito similar sem ser. Gregório Samsa já não é um escaravelho que pensa, mas sim um vegetal vivo. Melhor que *body snatchers* (os ladrões de cadáveres, com a ambiguidade de que *body* significa em inglês corpo e ao mesmo tempo corpo morto) deviam ser *mind snatchers*, os ladrões de mentes. A vara pensante de Pascal se tornou por fim oca e vazia. Vivam os mortos!

Em série mas "sui generis"

Só há dois filmes em toda a história de Hollywood dos quais se sabe tudo: como se concebeu cada um, como foram feitos, quem os fez. Um desses filmes é *E o vento levou* (1939), o outro é *Casablanca* (1942). Em outro tempo *Casablanca* pareceu o primo pobre. Era cinzento, em preto e branco e nem sequer acendiam uma fogueira na casbá. Mas foi *Casablanca* que ficou entre nós para sempre. Todo mundo sabe cantar *As Time Goes By*, que era a canção de Ingrid e Bogey, mas quem cantarola o tema de Tara? Todos recitam de memória muitos de seus diálogos, nos quais há frases feitas ("Façam um apanhado dos suspeitos de sempre") e frases felizes (Bogart a Bergman: "Lembro até o último detalhe. Os nazistas estavam de cinza, você de azul") e ainda o brinde em inglês intraduzível (um motivo repetido: *"Here's looking at you kid!"*), saudação que soa sempre como uma felicidade que queremos recordar, como a letra de um bolero de ontem. *Casablanca* é um filme feliz, finalmente, porque sabe unir seu fim com seu princípio: caos e criação.

Casablanca começou como a resposta da Warner Brothers a *Argélia* da Metro, e pensou-se primeiro no par formado por Dennis Morgan e Hedy Lamarr. A famosa Nêmesis de Charles Boyer em *Argélia*. Agora se lhe acrescentaram nazistas. Depois descartaram o primeiro casal por outro igualmente ideal: ela era bela e ruiva, mas ele teve meio corpo amputado na última vez em que saíram juntos. Adivinharam: Ann Sheridan e Ronald Reagan! Reagan não conseguiu *Casablanca* para consolar-se mais tarde com a Casa Branca. Por fim acreditou-se que Humphrey Bogart com um êxito renovado e uma nova peruca com uma atriz romântica ao lado poderia enfrentar de novo seus rivais em *Relíquia macabra*. Sobretudo se o falcão de chumbo se convertesse em salvo-condutos e o inimigo fosse somente toda a Gestapo, seis SS e um coronel nazista. A capa de Bogart, além de impermeável, seria à prova de balas.

Mas por um desses caprichos no jogo de poder do cinema entre o produtor David Selznick e a Paramount Pictures para ver por quem dobrariam os sinos (dobraram por Hemingway), Ingrid Bergman foi dar com seus belos ossos suecos na Warner e no set de *Casablanca*, no Marrocos, Hollywood. Caiu do costado de Bogart, do qual, como se sabe, mesmo de sandálias, era uma cabeça mais alta. O filme tinha um título — e pouco mais que isso. O roteiro era outra miragem do deserto, enquanto sua situação romântica fora extraída de uma peça teatral esquecida e coberta de poeira. Alguém desempoeirou uma melodia sem êxito para competir com um *hit* de ocasião: *A marselhesa*. Personagens não havia ainda, mas já se contava com um elenco extraordinário para encarná-los: todas as estrelas secundárias sob contrato com a Warner, do pequeno Peter Lorre a Dan Seymour com seu 1,90m de sevícia. O grande Dan não aparece nos créditos mas vocês o reconhecerão em seguida: é uma versão negra de Nero que agora cobre sua face com um fez. Até o eminente ator inglês Claude Rains tinha um papel secundário que a fragmentária redação do roteiro, dia a dia, hora *pro novis*, tornou bom. Tão bom era o papel que a última frase romântica de *Casablanca* é dita por Bogart não a Ingrid Bergman mas sim a Rains, a quem sugere: "Louis, acho que este é o início de uma bela amizade." E, platônicos e peripatéticos, afastam-se ambos até a palavra FIM.

Em meus dias de crítico (ou meus dias críticos, como os classificou um inimigo íntimo) escrevi de *Casablanca* quando era um Caín: "É este filme obsoleto, distante, quase ridículo e certamente falso aquele que alguém recordaria com amor?" Claro que era a minha crítica a obsoleta, a absoluta. Hoje exalto *Casablanca* por sua presença eterna entre nós, enquanto outras coisas, incluindo os nazistas, se foram com o vento. O que foi que mudou? O meio de comunicação. *Casablanca* foi considerado agora o filme de maior popularidade na TV anglo-saxã e a televisão é sem dúvida a forma mais popular de entretenimento jamais conhecida. É ainda mais popular que o cinema porque a televisão é o cinema por outro meio.

Como declarou Alfred Hitchcock, Ingrid Bergman seria bela mas não era a mais inteligente das atrizes. Em Londres, meses antes de morrer, foi entrevistada no *National Film Theatre* e disse dois despropósitos e três bobagens. Revelou como se havia preparado para o papel (que mal existia) lendo a história do Marrocos, estudando um atlas da África, examinando mapas do deserto e imagens de Casablanca. Depois chegou ao estúdio, viu os cenários e exclamou agora como ontem: "Tudo era tão falso." Mas, claro, é disso que se trata. Quem quer a verdadeira Casablanca no cinema? Nem mesmo um filho do xeique. É preciso dizer que Ingrid Bergman reconsiderou ao ver *Casablanca* na tela branca. Exclamou então em voz alta um elogio que todos ecoaram: "Mas que filme bom que era!" Que é, que é.

Homenagem a "A morte num beijo", que é a obra-prima absoluta dos filmes B

Estávamos sentados a uma mesa do restaurante Le Bistrô de South Kensington, Londres, além de Miriam Gómez e eu, um produtor do clã Coppola, Tom Luddy, Louis Malle, cineasta francês, e um diretor italiano que deve permanecer anônimo para proteger o inocente. De imediato e sem se dar conta, quase como um ex-abrupto, o diretor italiano exclamou: "Que grande diretor é Aldrich! E que *Kiss Me Deadly* seja seu *primeiro* filme! Aldrich é Robert Aldrich e *Kiss Me Deadly* é *A morte num beijo* e não é seu primeiro filme. Isso foi dito ao diretor italiano, que replicou: "Como não é seu primeiro filme!" Os diretores de cinema não deviam me desmentir: quando se trata da história do cinema, tenho meus dados preparados como um revólver carregado e à menor provocação disparo. "Sim senhor. Antes ele fez *O último bravo* e *Vera Cruz*." Mas o parmesão não admitia que se havia transformado em um *gruyère*: podia-se ver os buracos. "Esses vieram depois", acrescentou. Por sua teimosia que não nos leva a lugar nenhum, informei-lhe: "Veja a *Katz*." Eu me referia a *The Film Encyclopedia*, a máxima autoridade em questões de créditos do cinema. "*Cats*? Se assombrou o italiano. "O que uma comédia musical tem a ver com Aldrich?" Todos os presentes — e até um ausente — explodiram em risos como uma granada de fragmentação. "*Katz*", expliquei, "é a enciclopédia do cinema."

O *regista* ficou chateado, mas eu também devia ficar. Quando voltei para casa aquela noite consultei minha Katz, buscando o verbete Aldrich, Robert, diretor nascido em Rhode Island em 1919 e morto em Los Angeles de falência renal em 1983. Filho de família rica, Aldrich viera a Hollywood para trabalhar como escriturário da RKO e havia sido, primeiro, assistente de direção para vários diretores antes de ser assistente de Chaplin em *Luzes da ribalta*. Agora vinha meu momento brilhante — que a *Katz* fez em pedaços. Aldrich havia feito *dois* filmes anteriores a *O último bravo* e quatro antes de realizar *A morte num beijo*!

Quando regressava uma noite a Los Angeles o detetive particular Mike Hammer (*O martelo* encarnado, deveras, por Ralph Meeker, um dos atores de Hollywood de aspecto mais brutal e vulgar) faz sinal para parar na estrada uma mulher que diz chamar-se Cristina e que tenta evitar, de passagem, as perguntas que lhe faz Hammer. Ela está descalça e nua debaixo de seu impermeável. Mas pelo seu aspecto Hammer deduz que ela fugiu de um manicômio próximo. Levá-la, porém, através de uma barreira montada pela polícia, fazendo-a passar, literalmente, por sua amante. Um pouco mais além, quando Hammer para em um posto de gasolina, a desconhecida roga que se lembre dela caso alguma coisa lhe aconteça. Hammer, depois, fica desorientado e semi-inconsciente enquanto torturam e matam Cristina. Seu carro é empurrado por um abismo e pega fogo.

Hammer recobra os sentidos em um hospital, onde sua secretária Velda e um detetive amigo informam que autoridades federais querem interrogá-lo. Este interrogatório e as enigmáticas palavras finais de Cristina o fazem desobedecer os avisos avessos para dar início a sua própria investigação. Segue as pistas mais diferentes que apontam, porém, para um cientista assassinado faz pouco tempo, crime cometido por um gângster local, Carl Evello, que nada tem de belo. Os conspiradores tentam subornar Hammer, presenteando-o com um carro esporte novo, para compensar o carro velho que perdera. Mas o carro é um cavalo de Troia: tem duas bombas ocultas. Um mecânico amigo, Nick, que sempre reage com exclamações explosivas ("Va va voom!" é uma delas), desarma as bombas, enquanto Hammer decide visitar Evello e é recebido pela irmã dele, Bella. Hammer não só seduz a irmã como também submete pela força os capangas de Evello. A seguir procura e encontra a companheira de Cristina, chamada agora Lily Carver, escondida em seu apartamento. Todas as mulheres com quem Hammer se encontra são belas e fugazes, mas Lily é tão neurótica e repulsiva que Hammer se interessa por ela. Mas Nick é assassinado em sua oficina antes de poder dizer "Vá" e Hammer é sequestrado por Evello. Todos os envolvidos se reúnem na casa de praia de um tal Dr. Soberin. Quando o doutor fala, Hammer reconhece a voz do torturador que matou Cristina. Sobrepondo-se a uma boa dose de pentotal sódico (neste caso sádico) que é o soro da verdade e da vingança, Hammer mata Evello e seu melhor capanga e escapa. Quando regressa a casa, descobre que Velda desapareceu, mas, junto com Carver, decifra a mensagem mortal de Cristina: "Lembre-se de mim" vem de um verso de Cristina Rosetti. O poema, musical, dá a chave. Quebrando uma das mãos do guarda de plantão na câmera mortuária, Hammer obtém gentilmente a chave de uma casinha de um clube esportivo e encontra o que Velda chamou *the great whasit*, a grande incógnita: uma caixa negra. Deixa a caixa como a encontrou, mas Lily (como Velda e as duas como Albertina) desapareceu. Depois o espera a polícia, que lhe revela que a caixa em questão contém plutônio radioativo, tesouro atrás do qual estão "inúmeros espíritos armados". Quando Hammer e seu amigo policial descobrem o armário vazio (o que ocorre com frequência em muitas películas), Hammer segue uma pista velha como se fosse uma estrada nova — que conduz à casa de praia e ao Dr. Soberin. Ali descobre que Lily Carver, aliás Gabrielle, aliás o anjo das trevas, atacou o Dr. Soberin por ter-lhe proposto alguns quebra-cabeças em grego (a caixa de Pandora, Cérbero que guarda o Inverno etc.), enigmas que são enemas para Lily, que não só matou o malvado doutor como também atira em Hammer à queima-roupa. Quando ela finalmente abre a caixa que contém a bomba atômica, o artefato nuclear queima sua roupa primeiro e depois todo o corpo e se espalha pela casa — enquanto Hammer resgata Velda de onde a haviam escondido. Os dois se refugiam no oceano Pacífico próximo. *The end*.

Mas para enriquecer este filme feito de pura paranoia, os produtores fabricaram dois finais diferentes. Num deles Hammer e Velda se salvam no mar, em um batizado contra o mal. No outro, a casa, como todo mundo, explode em fogos de artifício narrativo. O Dr. Soberin, Lily, Velda e Hammer morrem consumidos pela chama branca da bomba. Afortunado que sou, tenho cópias da fita com ambas as soluções.

Reestreia de uma obra-prima

Quando *A morte num beijo* estreou ninguém lhe deu importância. Na sua estreia apenas José Luis Guarner lhe deu o valor merecido e para seu título espanhol sugeriu o mesmo título cubano: este outro cronista sempre estava a par do cinema.
A morte num beijo é a joia da coroa dos filmes B. Um filme B é aquele que tem um pressuposto escasso para não dizer mínimo. Antes eram exibidos na primeira parte do programa, embora as segundas partes fossem ruins. As maiores produtoras de filmes B eram a Republic e a Monogram, a quem Jean-Luc Godard dedicou sua primeira película, *Acossado*, uma cópia e uma homenagem ao mesmo tempo. Mas, ai, Jean-Paul Belmondo não era Bogart, a quem imitava. Hoje os filmes B foram substituídos pelos filmes para a televisão, *made for TV*, cuja mediocridade criou um gênero e um estilo e uma linguagem e, como dizem, *TV dá a você TB*: a televisão dá tédio.
A morte num beijo está agora mais atual que muitas estreias. Vocês já não ouviram falar de ladrões de material atômico que nadam em água pesada com dólares e traficam com a possibilidade de fazer uma bomba atômica no pátio da casa de Saddam Hussein? Estes são os personagens de *A morte num beijo*, esta é a matéria de que estão feitos seus sonhos — quer dizer, muitos pesadelos.

O elenco

Ralph Meeker veio do teatro, onde na Broadway substituiu Marlon em *Um bonde chamado Desejo*. Debutou no cinema em *Teresa*, sempre fazendo depois papéis de soldado ou de vaqueiro bandido. Voltou a ser escolhido por Robert Aldrich para *Os doze condenados*, onde fazia um recruta rebelde. Morreu de um ataque cardíaco em 1988. Ironicamente, seus dois últimos filmes intitulam-se *O inverno mata* e *Sem aviso*.
Albert Dekker foi um desses vilões perfeitos: alto, autoritário e bronco, adornou com seu aspecto viril e vil e sua dicção correta mais de um personagem unívoco. Seus melhores momentos foram o do gigante demente da ciência em *Dr. Cíclope* e este Dr.

Soberin, mais modesto e menos científico porém mais perigoso em *A morte num beijo*. Dekker se suicidou em 1968 ao enfiar a cabeça num saco plástico. Estava vestido com sutiã, ligas e meias-calças pretas e sandálias de salto alto da mesma cor — o vilão que morre como uma vítima.

Há um terceiro nome no elenco, Fortunio Bonanova, um de meus coadjuvantes preferidos. Em *A morte num beijo* faz o papel — que outra coisa?- de um fanático da ópera, que ouve Caruso em sua velha vitrola cantando uma ária de *Martha!* Para extrair-lhe informação, Hammer quebra um disco de sua coleção — e, claro, Bonanova canta.

A ESTRELA QUE CAIU DO CÉU

Quando por fim *Performance* estreou, em 1970, três anos depois de realizado (depois de ter sido proibido pela própria Warner Brothers, que o produziu, quando seu produtor declarou que "essa película atroz" só estrearia passando por cima de seu cadáver, chegando inclusive a sequestrar o negativo), a pergunta sem resposta no mundo do cinema era quem havia sido o diretor deste filme singular, talvez o melhor do lustro inglês. *Performance* aparecia — uma coisa rara a mais em um filme raro — como correalizado por dois diretores. A pergunta se desdobrava. Havia sido dirigido na realidade por Donald Cammell, que escreveu o roteiro e era um bom conhecedor do mundo *pop* de Londres e das muitas complicações possíveis no sexo? Ou teria sido por Nicholas Roeg, o brilhante técnico que fotografou, entre outros filmes, *Farenheit 451, Longe deste insensato mundo* e, sobretudo, *Petulia, demônio de mulher*? Cammell caiu em silêncio depois de *Performance**, mas Roeg fez outros filmes, como *A longa caminhada*, filmado na Austrália, um fracasso menor, e *Um inverno de sangue em Veneza*, um êxito menor. Mas seu próximo filme deixou dúvidas sobre quem era o verdadeiro talento por trás de *Performance*. Esse filme é *O homem que caiu na Terra*.

Não revelo muito se contar que um dia um homem caiu do espaço exterior na Terra, já que a revelação está no título. Ocorreu em um lugar solitário (aparentemente porque esta criatura extraterrestre era vigiada com frequência) do Kentucky. Num povoado vizinho extrai um passaporte da carteira, diz (com sotaque londrino) que é inglês e troca um anel de ouro puro por dinheiro. Logo revela ao espectador uma vasta coleção de anéis de ouro e

---

* Donald Cammell finalmente se suicidou em Los Angeles, em 1996.

reúne dinheiro suficiente para comprar os conhecimentos de um advogado de patentes (Buck Henry, melhor ator que escritor) em Nova York, a quem imediatamente mostra um espécime aparentemente de plástico que resulta eletrônico e umas folhas cheias de símbolos matemáticos. O visitante diz que seu nome, previsivelmente, é Newton. O advogado declara com pasmo que suas descobertas colocarão fora do mercado a Ica, a Eastman Kodak e a Dupont, os três mais poderosos consórcios quimiofotográficos do mundo.

Thomas Jerome Newton adquire em seguida um Cadillac negro com telefone, pelo qual se comunica exclusivamente e vai morar num hotel de terceira no Novo México. Ali tem uma estranha crise de esgotamento físico com hemorragia nasal e vômitos e é ajudado por uma servente solícita, Mary-Loy (Candy Clark, a inesquecível lourinha de *Loucuras de verão*), que cuida dele e lhe arranja um televisor para se distrair. Newton acaba se viciando, não por drogas nem álcool, mas sim em água e televisão - em breve tem seis televisores no quarto, todos ligados ao mesmo tempo. Enquanto isso, em Chicago, Nathan Bryce (Rip Torn, esse excelente ator), professor de química que mantém perigosas relações promíscuas com suas alunas, recebe de presente um livro que trata significativamente de poesia e pintura, e o abre (ao acaso?) na página que tem uma reprodução de *A queda de Ícaro*. Uma de suas alunas que mostra idêntica paixão pela ginástica sexual e pela fotografia, mostra-lhe o testemunho de seu coito recente em um rolo de fotos reveladas e impressas em cor instantaneamente, procedimento tão inédito que seria a inveja da Polaroid. Bryce decide deixar sua cátedra e suas alunas e solicita emprego na companhia que produz tais maravilhas químicas — não sem antes dar uma nova olhada em *A queda de Ícaro* e na página oposta, onde vem um fragmento de poema que alguém dedicou ao quadro de Bruegel, a câmera acercando-se sobre a reprodução até descobrir a perna mergulhante, que é a única evidência da queda do filho de Dédalo, o inventor.

Por seu turno, Mary-Lou e Newton se tornaram amantes, e o Ícaro moderno, que padece de *flashbacks* de estranhas criaturas depiladas ou viscosas em um deserto extraterrestre, pode detectar visões dos desaparecidos povoadores do Oeste. Ao mesmo tempo, manda construir uma casa junto a um lago (sua paixão pela água) na qual instala doze televisores, a que assiste ao mesmo tempo. Bryce consegue estabelecer uma estranha relação com Newton, que aparentemente pode teletransportar-se e apresentar-se antes que ambos se conheçam. O professor suspeita que Newton é algo mais que um excêntrico e prepara um artefato oculto para obter evidência sobre sua identidade real. Newton, que é capaz de ver os raios X, se dá conta da armadilha, mas está bêbado demais para intervir. Bryce descobre que Newton é um extraterrestre por meio da radiografia, mas o próprio Newton se revela a Mary-Lou, agora uma amante exigente, por um procedimento que se pode chamar de *striptease* total. Thomas Jerome Newton, ou como se chame esta criatura, aparece totalmente desnudo e viscoso, deixando sobre a pele tépida de Mary-Lou, que insiste em fazer amor com esse monstro, uma baba repelente que é o rastro de sua mão.

Por fim, Newton confidencia a Bryce que é um extraterrestre (depois que vimos inúmeras visões de criaturas morrendo de sede no deserto impossível, porém ainda viscosas: sua família deixada para trás, pela qual sente um comovedor afeto) que veio à Terra em busca de um refúgio com água, como o que viu na TV em seu planeta, porém no momento seguinte comunica que pretende regressar em um foguete de sua criação. Mas agentes não identificados querem acabar com o poderoso consórcio de Newton, e quando este vai partir em sua nave espacial particular, em meio a multidões bajuladoras, é sequestrado - e aqui o filme se desfaz — mas não termina. Anos parecem ter passado, porque o advogado envelheceu consideravelmente, o que não impede que ele e seu amigo íntimo sejam arremessados do arranha-céu onde vivem pelos misteriosos agentes, Ubíquo e Rancoroso. Mais anos se passam e Bryce e Mary-Lou, que são amantes já faz tempo, aparecem velhos e quase decrépitos. Newton, por sua vez, se mantém tão jovem quanto um Dorian Gray extraterrestre, mas está confinado em uma espécie de prisão domiciliar e submetido a absurdas investigações médicas. Mary-Lou, saudosa, tenta ver Newton e consegue, só para descobrir o antigo amante abstêmio transformado em alcoólatra, e têm um curioso reencontro amoroso, no qual Newton, que abominava a violência, faz amor com auxílio de um enorme revólver, carregado com balas de festim. Passam mais anos ainda e Bryce, sempre na pista do visitante do espaço exterior, encontra um disco que, por motivos particulares do argumentista, o conduz a Newton. O encontro deles é entre um ancião e um jovem vestido como um afetado almofadinha dos anos 30, de chapéu de feltro e terno riscadinho. Mas é Bryce quem tem a última palavra perante o bêbado Newton. "Mister Newton já bebeu além da conta", lhe diz o garçom, e o filme termina com Newton baixando os olhos, a cabeça e o chapéu de feltro, enquanto se ouve tocar *Stardust*, esse nostálgico "Poeira de estrelas", na versão de Artie Shaw.

Se contei o filme inteiro é para ajudar o leitor que vai ser espectador, pois Roeg (auxiliado por Paul Mayersberg, o roteirista) fez seu filme mais com complicação do que com complexidade e cargas de *flashbacks* e projeções ao futuro. É, sem dúvida, seu filme mais ambicioso (incluindo *Performance*), mas, como diz Raymond Chandler, "o problema com a ficção fantástica como regra geral é o mesmo problema que afeta os dramaturgos húngaros: não há terceiro ato". Não há terceiro ato em *O homem que caiu na Terra*, que é uma película que parecia prometedora e resultou malograda. As cenas de sexo (a recorrência mais visível no filme, à parte as visões extraterrestres), são menos gratuitas que o coito em *Um inverno de sangue em Veneza* (do qual se diz que Donald Sutherland e Julie Christie "o fizeram de verdade", como se esta realização tivesse a ver com a arte), mas não têm a necessidade de ocorrer que tinham em *Performance*, que trata da identidade sexual. No resto do filme impera a gratuidade. Há, contudo, uma revelação extraordinária em *O homem que caiu na Terra*. Chama-se David Bowie.

David Bowie, que já era famoso no mundo *pop* (porque não se pode falar de *rock* em sua música e aparição cênica), outorga ao filme uma dimensão estranha. Desde o princípio, com seu cabelo tingido de um vermelho impossível, com sua figura de extrema magreza, quase caquética, seu rosto largo de lábios finos ou seus raros olhos, é de fato uma aparição do outro mundo, do mundo da beleza que Oscar Wilde celebrava como vinda de uma terra de estranhas flores e perfumes sutis, uma terra onde todas as coisas são perfeitas e peçonhentas. Poucas vezes apareceu no cinema (talvez desde Katharine Hepburn) uma beleza andrógina tão cativante. Diz o diretor Howard Hawks que a câmera se compraz em retratar os olhos claros, e Nicholas Roeg, como bom fotógrafo, captou os olhos claros azuis de Bowie até fazê-los verdes, amarelos, cinzas, jogando com um olhar feito para o cinema. Também sabe apreciar sua beleza assexuada e, nas muitas ocasiões em que o fotografou nu, jamais mostra seu sexo. Assim, em seu *striptease a la Allais*, quando se despoja de sua pele falsamente humana, o que se vê é uma aparição mais do que andrógina, sem sexo, ou para usar uma palavra cara à ficção científica, o androide perfeito. David Bowie era um *superstar* da música *pop* — nesse filme se transformou, para o cinema, na estrela que caiu do céu.

As tribulações do aluno Yentl

Para Nedda e Enrique Anhalt

O título também poderia ser *Yentl vai à yeshiva*. Mas Yentl não é nome de homem em hebraico: é nome de fêmea, e as judias não podiam ir para a *yeshiva*.
E o que é, senhor, essa *yeshiva* tão exclusiva, tão elusiva? A *yeshiva* é a escola tradicional judia, dedicada tradicionalmente ao estudo de toda a literatura rabínica. Então não se permitia o ingresso das mulheres na *yeshiva*, que tampouco podiam estudar em particular as Sagradas Escrituras. Esse é o dilema de *Yentl*, uma moça que quer ser rapaz só para estudar o Talmude e a Tora. Então é quando Isaac Bashevis Singer era jovem na sempre flutuante fronteira da Rússia com a Polônia.
Quem é Isaac Bashevis Singer? Um escritor norte-americano de origem polonesa que escrevia em iídiche, ganhador do prêmio Nobel e o mais famoso de todos os escritores iídiches.
O que é iídiche? O idioma falado pelos judeus asquenazis, derivado do hebraico, do alemão e do russo e do polonês, mas escrito com caracteres levíticos. Singer escreveu em iídiche *Yentl, aluno da yeshiva*. É um conto que, traduzido para o inglês, começa assim:

> "Depois da morte de seu pai, Yentl não tinha razão para permanecer em Yanev.
> Ficou totalmente sozinha em casa. Claro que havia hóspedes dispostos a mudar-se com ela e pagar aluguel, e as casamenteiras acorreram a sua porta de Lublin, Tomashev, Zamosoc.
> Mas Yentl não queria casar. No seu íntimo uma voz lhe repete uma e outra vez "não!". O que acontece a uma mulher depois de terminada a cerimônia de casamento? Em seguida começa a ter filhos e cuidar deles. E a sogra é quem manda. Yentl sabia que não era feita para a vida de mulher. Não sabia costurar,

não sabia tecer. Deixava queimar o guisado, o leite transbordar. Yentl preferia as atividades masculinas às femininas.

Seu pai, Reb Todros, que descanse em paz, durante os anos em que esteve ocioso estudava a Tora com sua filha como se ela fosse um filho.

Pedia a Yentl que passasse o ferrolho na porta, fechasse as cortinas nas janelas e então se debruçavam sobre o Pentateuco, a Misna, a Gemara e até os Comentários. Havia demonstrado ser tão boa aluna que seu pai costumava dizer:

— Yentl, você tem alma de homem.
— Então por que nasci mulher?
— Até mesmo Deus comete erros."

A história prossegue com Yentl cortando o cabelo, vendendo as propriedades paternas e saindo pelo mundo em busca de... aventura?, amores?, fortuna? Nada disso: somente em busca do conhecimento.

Tem aventuras, sim, mas são sua maneira de vencer seus obstáculos no caminho do saber. Tem amores, mas a contragosto. E sua riqueza é a sabedoria adquirida, é conhecer os caminhos que levam a Deus e estudar a oculta Tora e o arcano Talmude. Em sua busca do conhecimento proibido, Yentl, agora chamada Anshel, chega a casar-se com uma formosa virgem judia, faz amizade terna e eterna com um jovem estudante que aspira ao rabinato e ao final foge para a América, após ter descartado o disfarce de Anshel e voltado a ser Yentl, ainda ansiosa pela sabedoria sagrada.

O tema menor (uma mulher que se disfarça de homem e passa por tal até ser descoberta) é muito antigo, tão antigo como o do homem que se disfarça de mulher para fugir ou se livrar da captura: Aquiles, que não quer ir à guerra. Ainda é atual no cinema: *Quanto mais quente melhor* e *Tootsie*.

O mais eminente exemplo dramático de mulher que se disfarça de homem é o de *Como gostares*, em que Shakespeare aborda o tema do travestismo com humor e graça exemplar. Em Shakespeare as substituições se complicam até o delírio, já que por ser proibida a presença de mulher na cena elisabetana, um ator efebo devia fazer o papel de Rosalinda, a heroína que transforma em herói. Assim, um rapaz disfarçado de moça na cena devia ao mesmo tempo disfarçar-se de rapaz na comédia. Que dizer, assumir seu próprio sexo como disfarce.

Shakespeare sabia que a batalha dos sexos é um jogo de identidades.

Mas em *Yentl*, o filme, não é o sexo que motiva a heroína, mas sim a busca da felicidade pelo conhecimento. Ademais, *Yentl* é uma comédia musical, mas uma comédia musical em que um só ator canta, a atriz Barbra Streisand, a protagonista.

A Streisand não é apenas a heroína da farsa feliz, é também a roteirista, a produtora e a diretora do filme. A cantora se converteu agora na mulher orquestra. O filme é um triunfo total e a única coisa que o impede de ser uma obra-prima é a fotografia, toda de tons quentes, âmbar, quase ocres, que parecem como se o sol estivesse se pondo vermelho sobre o horizonte mais próximo a toda hora, em toda parte: na campina eslovaca e também dentro de cada casa tcheca. Tudo está submergido em um banho sépia forte, bronze polido, âmbar solar e esta tonalidade cálida, cômoda, caseira, termina por ser tediosa quando o filme é, de fato, uma realização impecável e, além disso, original.

Original? Sim, nunca houve um filme que tenha como tema a perseguição da sabedoria, a busca do conhecimento e a espreita das sombras (preto sobre branco, branco e preto) da palavra impressa, do livro que é sagrado porque é a fonte do saber. Em *Yentl* a letra entra com canto. Ao vê-lo é isto que produz um encontro inusitado, e para mim um reconhecimento. Eu conheço esses judeus. Ingressei com eles na modesta academia de inglês da Havana Velha, aprendi com eles a ciência oculta por difícil e as letras liberadoras no vetusto casarão em que se cursava o bacharelado à época, estudei com eles em suas casas do bairro judeu de Havana, e sempre me maravilhou, me comoveu e me moveu a imitá-los em seu método: a loucura de estudar era o meio e o fim.

Agora, ao ver *Yentl*, sinto que essa moça que corta o cabelo, enfia em sua cabeça o solidéu (um capelo que é o pecado cardeal), se veste de estudante hassidim e sai a andar pelo caminho que conduz à cidade do saber, podia ser um de meus condiscípulos asquenazis ou sefaradis, e a reconheço como um dos personagens mais nobres que nos deu o cinema moderno. Entre tanta gente dura ou dócil, entre tanto álcool anônimo ou epônimo, entre tanto sentimentalismo grosseiro, Barbra Streisand, atriz que nunca suportei antes, produziu uma fita que une a mulher com a busca do bem pela escritura, com um feminismo veraz porque faz parte da trama que ela teceu ao redor do argumento de Singer, autor *ex machina*.

A Streisand protestou, com razão, por seu filme não ter tido bastantes indicações ao prêmio da Academia de Artes e Ciências de Hollywood, esse Oscar que a contragosto é a efígie de um homem emasculado. Não importa. Quando ninguém recorda como se chamava a ganhadora, esse novelão de bobagem e banalidade (agora nem acerto com seu título), *Yentl* será recordado como uma tentativa de reunir no cinema o bem moral com a bondade artística, e deixar-nos ver, ou melhor entrever, a união possível da estética com a ética. A Tora e o Talmude têm em hebraico a mesma raiz, que é instruir e aprender ao mesmo tempo. Assim a religião, criada por um povo a sua imagem e semelhança, terminou por recriar ela mesma o seu criador de origem. Esta dicotomia é única, mas nós que amamos a literatura aonde quer que a encontremos, nós que acreditamos na letra poderemos reconhecer *Yentl* e Yentl: são a salvação pelo êxito.

O FILME NEGRO EM PRETO E BRANCO

Quando se diz "filme negro" não se quer dizer que é o cinema feito na África e a própria expressão não é mais que a etiqueta para o melodrama mais violento. Nem todo filme negro é feito em preto e branco, mas até pouco tempo atrás as sombras negras sobre a tela eram a forma ideal para um gênero aparentemente menor.

O verdadeiro criador não do gênero mas do título do gênero, Marcel Duhamel, escreveu: " O neófito deve tomar cuidado: os volumes da série negra não podem ser entregues sem perigo a qualquer um". Esta advertência ingênua recorda um aviso que costumava acompanhar as velhas novelas de horror: "Não deve ser lida à noite". Mas Duhamel convoca novos fantasmas literários e diz: "O detetive simpático nem sempre resolve o mistério. Às vezes não há mistério. Outras vezes não há sequer detetive". O pai da novela negra, segundo os franceses, foi Dashiell Hammett e, claro, já aparece o título de uma revista hoje posta fora de moda por uma película na moda. Trata-se de *Black Mask*, que deu origem à narração *pulp* — que dá o título a *Pulp Fiction (Tempo de violência)*.

A primeira novela de Dashiell Hammett, *Colheita vermelha*, descreve mas descobre a corrupção de toda uma cidade, Personville, apelidada pelo submundo de *Poisonville*: cidade veneno. A estratégia do narrador e protagonista foi copiada várias vezes pelo cinema, notadamente em *Yojimbo*, de Akira Kurosawa, e por Sergio Leone em *Por um punhado de dólares*, nenhum dos quais nada tem a ver, certamente, com o filme negro. É a novela seguinte de Dashiell Hammett, *O falcão maltês (Relíquia macabra)*, que dá origem ao cinema negro. Foi ao vê-lo que um crítico hoje esquecido teve seus 15 segundos de fama ao catalogá-lo como *film noir*. Este é o retrato que faz um personagem de ficção, Ellery Queen, de outro personagem de ficção, Sam Spade, o "herói negativo", como gostaria de chamá-lo seu autor Hammett, que por ser comunista ganhara o apelido de "Hammer & Sickle", foice e martelo. "Eis aqui o homem que deprecia seu cliente mas descobre sempre o culpado. Eis aqui este homem de ação, um duro cujo sorriso pensativo constitui seu gesto mais perigoso. Este é o homem que nunca perdoa ninguém: homem ou mulher, morto ou vivo". Tudo que fez John Huston nessa primeira amostra, a mostra mestra do filme negro, foi seguir a novela literalmente, ao pé da letra. Por favor, se até o tremor da mão mortal de Bogart estava no livro!

Vinte anos mais tarde, em 1950, John Huston, cuja importância para o gênero negro não deve ser exagerada, produz outra obra maior, *O segredo das joias,* extraída de uma novela de W. R. Burnett. O elenco de *Relíquia macabra* era ideal mas era menor e a Warner o permitiu como um anzol sem isca para testar um diretor não só bisonho, como ainda por estrear: este era o primeiro filme de John Huston. Por outro lado Humphrey Bogart, até então um ator secundário, entrou no filme porque George Raft se negou a aceitar o papel de um detetive particular. "Se não tiver um escudo não aceito". Huston: "Escudo de quê?" "De polícia". E aí terminou sua entrevista com Raft. Peter Lorre tivera melhores oportunidades e Mary Astor já não era a jovem dama que fora. Por outro lado, Sidney Greenstreet nunca havia atuado no cinema e era um ator de tipos em Londres e na Broadway. O elenco (como sempre fará no futuro, Huston se negou a dirigi-lo) contava como que faz o cinema negro: uma abundância de personagens únicos porém equívocos. O elenco de *O segredo das joias* estava repleto desses atores secundários, mas tinha uma pérola barroca em uma ostra de cultivo: loura, de pernas esculpidas e busto grande chegaria a ser Marilyn Monroe! Huston, com sua recusa em dirigir atores, conseguiu outro elenco de atores de tipos, e entre eles uma atuação dessas que só se veem a cada dez anos: Sam Jaffe era o veterano mestre da classe que apreciava demais as meninas - exatamente 16 anos antes de *Lolita.*

O anti-herói de *Segredo das joias,* Sterling Hayden, é o herói perdedor de outra obra-prima do cinema negro: *O grande golpe.* É praticamente o primeiro filme de Stanley Kubrick, que depois dirigirá uma memorável sátira política *(Dr. Fantástico),* um ápice da ficção científica (2001) e outro do cinema de horror *(O iluminado)*. Em *O grande golpe* nota-se que Kubrick viu (e admirou) o Huston de *O segredo das joias*. O tema é quase o mesmo (o roubo perfeito que termina em derrota), iguais são os personagens especialistas no crime que se comportam como novatos e afligidos pela mesma cobiça: a avareza pondo a perder a virtude de um plano quase perfeito. De homens como de ratos engenhosos.

É esta característica do herói como perdedor nato que informa o gênero. O filme negro, como o romance negro, é protagonizado não por heróis gregos, aos que perdem suas virtudes, mas sim pelo herói moderno, a quem suas virtudes e seus defeitos determinam como aquele que nasceu para perder. É uma espécie de fatalismo psicológico ou uma falha no caráter: uma fenda onde se espera um monólito. Um especialista nesse tipo de histórias derrotistas foi James Cain. Todas as suas novelas de sucesso foram levadas ao cinema com igual êxito: *Pacto de sangue*, de Billy Wilder, com uma Barbara Stanwyck louca, amoral e perigosa; *Alma em suplício*, com Joan Crawford sofrendo e pelejando por sua filha, uma viciada; e aquela que teve mais versões: *The Postman Always Rings Twice*. Uma na Itália intitulada *Ossessione* e dirigida (ou melhor, pirateada) por Luchino Visconti. Outra, a melhor, *O destino bate à porta*, de Tay Harnett, com uma Lana Turner capaz de fazer de qualquer homem um assassino: por ela, para ela, contra ela, contrafeita moral. Mais bela e mais perigosa ainda do que Barbara Stanwyck em *Pacto de sangue*, Lana é a fêmea fatal, uma louva-a-deus religiosa tornada ateia, porém sexualmente mais fatídica, fatal.

Há muito mais títulos memoráveis no gênero. *Alma torturada* (1942), onde Alan Ladd, esse arquétipo, é o anjo louro vingador e ao mesmo tempo uma alma fria destinada a perder sempre. Como perde Burt Lancaster em *Assassinos* e em *Baixeza*, outra obra-prima de Robert Siodmak, um dos mestres do gênero.

À beira do abismo (1946), *A dália azul (1956)*, *Os corruptos (1953)*, *Alma em pânico (1953)*, *Cidade negra (1950)*, *Curva do destino (1948)* — e esta estranha fita parece declarar, pela boca de seu protagonista, a filosofia estoica, porém não heroica do filme negro. "A sorte", diz o viajante ao absurdo, "ou talvez outra força misteriosa, pode te apontar com seu dedo sem nenhuma razão".

A lista, resumida, não inclui todas as películas do vasto repertório do cinema negro *made in USA*, mas as datas mostram que seu apogeu teve lugar nos anos 40 e se estendeu aos anos 50. É fácil ver que o filme negro devia grande parcela de sua arte à ausência de cor. Mas a partir dos anos 60 aparece, visível, uma intrusão da cor em um mundo cinzento. *Chinatown* e *Os imorais* são amostras mestras do filme negro em cores. Entrados já os anos 80, esse velho conhecido, o carteiro, vem tocar mais uma vez, no que pode ser uma segunda (ou quarta) versão.

O protagonista vagabundo marcado pelos fados de *O destino bate à porta* é o herói de *Chinatown,* Jack Nicholson, com sua mescla de súbito sadismo e a completa compreensão da realidade mas a quem o sexo não deixa ver que seu futuro não é incerto mas sim certo: subirá sempre ao patíbulo. Jessica Lange é a isca sexual com que o destino adorna o seu anzol. A Lange se deu a conhecer como a boneca loura que se deixou desnudar pelo enorme macaco negro na versão (ou perversão) moderna de *King Kong*. Ela será uma atração fatal para Nicholson, como o foi para o símio: ambos seduzidos. Agora é Lana Turner o que foi antes Fay Wray. Ela clama, reclama que sua Cora é mais fiel não ao livro mas "sim à realidade". Claro, *O destino* é tão real quanto *Macbeth*. De fato Nicholson é Macbeth na Califórnia do Sul: um usurpador.

Contagiado com o que é uma obsessão realista, o diretor Bob Rafelson (que nunca poderá sequer engraxar as botas brancas e pretas de Tay Garnett, o verdadeiro diretor da verdadeira versão) se queixa de que Lana Turner (cuja aparição em *O destino bate à porta* é uma presença sexual só comparável ao momento em que as pernas, com tornozeleiras, de Barbara Stanwyck descem a escadaria tão fatal como a que leva ao patíbulo) estava vestida, em 1946, toda de branco para acentuar sua pureza por exigências da censura. Jamais a censura interveio na cor ou na textura da roupa das atrizes, somente em seu grau de nudez: com roupa ou sem roupa. O vestuário de Lana Turner, uma das mulheres mais excitantes e incitantes do cinema, estava determinado pela iconografia da estrela e os elementos emblemáticos da personagem e, em definitivo, pela quantidade específica de *noir* da película. E o que diz a Lange de Lana?

"É curioso", declarou, "como em todas as cenas de amor apareça tão impecável. Nem um só fio de seu cabelo em desordem nem uma ruga na roupa". É de se perder toda a esperança, como adverte o Dante, de que Lange entenda que Lana Turner toda de branco, com suas carnes esculpidas e a pele dourada pelo sol e o cabelo platinado na moda não encarna a Imaculada Conceição mas sim uma forma fatal do desejo.

Uma nova forma do cinema negro em cores é um filme que Nino Frank (esse vidente que se fez televidente ao ter batizado o gênero como *noir*) teria chamado *La negrèsse*. Refiro-me a *Tragam-me a cabeça de Alfredo García*, em que Sam Peckinpah mostrou a evolução do filme negro até sua culminação em uma orgia de sangue: corpos que caem mortos como caem os corpos mortos: cadáveres que ao morrer bailam a dança da morte a rigor, antes que deles se apodere um outro rigor, o *rigor mortis*. Vemos espasmos em câmera lenta, estertores repetidos, corpos violentamente arremessados para trás pelas balas, projéteis que penetram a carne com extrema urgência e explodem ao completar sua trajetória como se todas as forças fossem de dispersão. É uma violência nada real mas sim hiperrealista porque na realidade não há uma só bala da qual se veja sua penetração. Esta é uma violência sugerida com brutalidade e de acordo com um desenho visual novo. Antes, ainda no mais tenebroso do filme negro, os mortos, um momento antes de morrer, gozavam de uma saúde bem visível.

Se *Relíquia macabra* é a obra de introdução do cinema negro ao transcrever fielmente a novela de Hammett, *Assassinos*, de 1946, é uma culminação antecipada. De uma rara fidelidade ao texto de Hemingaway, com seu começo que se projeta até um futuro curiosamente feito de *flashbacks*. Ou seja, de reminiscências pertinentes ao passado do brutal assassinato com que se inicia o filme. Neste ato de violência, precedido por uma calma ameaçadora, é que *Assassinos* se calca em Hemingway: aos personagens dos *hit-men*, o seu orgulho, suas maneiras mais próprias a cômicos de *vaudeville* que assassinos a soldo.

É deste começo, desta história publicada antes que Hammett escrevesse sua primeira novela, que vem a última culminação do cinema negro. Trata-se de *Tempo de violência*, o qual seu diretor habilmente relaciona com a revista *Black Mask* e a ficção barata. *Tempo de violência* vem, ao contrário, de uma ficção mestra e dos diálogos aparentemente naturalistas de Hemingway, que são, curiosamente, altamente estilizados. (Ou seja, criados por uma imaginação estética). Em *Assassinos* toda a violência é recebida através da conversação, aparentemente neutra, dos dois assassinos que chegam a uma localidade do Meio-Oeste numa tarde aprazível. Quentin Tarantino, em *Cães de aluguel*, está mais interessado na conversação interminável dos marginais do que em sua ação letal.

Em *Tempo de violência* a conversação está misturada com rajadas de morte e a situação se resolve, como em *Assassinos*, numa espécie de comédia negra — que é o princípio e o fim do cinema *noir*. Agora em glorioso tecnicolor.

"LA PLUS QUE NOIRE"

Os franceses, tão dados a etiquetas como à etiqueta, inventaram uma apelação controlada para um gênero do cinema americano, que os americanos só descobriram depois que a expressão foi cunhada na França. O gênero era um híbrido de inglês e francês e o chamaram de *film noir*. Mas o gracejo, embora viajando longe, não declarava sua origem. Vinha da novela negra, um título genérico da novela dura americana, que não era racialmente negra. O criador, não do gênero mas sim do nome, chamava-se Marcel Duhamel. Usou-o para batizar uma coleção na editora Gallimard com capas negras e colecionava autores como Dashiell Hammett e Raymond Chandler, primeiro, e depois James M. Cain, W. R. Burnett e Horace McCoy, escritor de um titulo notável entre novelas medíocres. O título passou a ser como um programa existencial: *Mas não se matam cavalos?* Nesta novela o cavalo é uma égua, e é a única verdadeira vítima da novela. Sempre, nesse gênero, como o louva-a-deus, a fêmea é a parte má da espécie.

O louva-a-deus tem esse nome por seu hábito de permanecer imóvel ou mexer-se suavemente de um lado para o outro, a cabeça erguida e as patas frontais estiradas como braços, no que parece uma atitude de súplica. Na realidade a fêmea não crê em nada: é uma feroz carnívora que na sua ferocidade chega a matar seu consorte depois do coito para devorá-lo sobre a relva num piquenique. O macho, menor que a fêmea, parece encontrar prazer ou pelo menos indiferença ante essas devorações rituais que são seu destino biológico. Uma das espécies mais perigosas para o macho tem nome de soprano de coro de igreja: *Iris Oratoria*. Ela parece uma encarnação do feminismo e é abundante — cuidado! — nos trópicos.

O *film noir*, tal como o faroeste, é um gênero. Alguém disse que não é um gênero mas sim um estilo. E qual é a diferença? Um gênero não é mais que uma forma a ponto de tornar-se fórmula e o estilo gera as formas. (Há que dar crédito a Nino Frank, cineasta francês, que em 1946 inventou o nome da coisa).

Nesse ano, o primeiro depois da Ocupação, chegou à França uma infinidade de filmes que tinham em comum uma treva fotográfica em preto e branco e seus heróis eram quase sempre tenebrosos. Mas mais negras eram suas heroínas. O primeiro filme realmente *noir*, *Relíquia macabra* (1941), era todo negro. Baseado na novela *O falcão maltês*, de Dashiell Hammett, era a terceira tentativa para captar e oferecer o mundo de medo e mentira do original. Foi este filme que fez a carreira de Humphrey Bogart. Vocês decerto conhecem Humphrey Bogart, mas claro que não conhecem nem recordam a sua nêmesis chamada Brígida. Era uma atriz veterana, totalmente inusitada, Mary Astor. A película mostrou pela primeira vez o extraordinário talento de John Huston para compor um elenco, mas a presença de Mary Astor, já não mais um menina, foi um golpe de mestre. Hammett descreve Miss Wonderly (que era tão falsa a ponto de mudar de nome três vezes) de maneira sucinta e sensual: "O cabelo que se enrolava ao redor de seu chapéu azul era de um vermelho escuro". Aqui é preciso prestar atenção pois o cabelo desta mulher, no filme, é negro — tão negro quanto suas intenções. Esta é a estreia da malvada de cabelo negro no cinema negro. Ela é a mais negra ou, como queria François Truffaut, *la plus que noire*: negra de cabeça, negra de alma. Será preciso esperar Linda Fiorentino para encontrar a verdadeiramente mais negra.

Agora um hiato fosco.

Desde Helena de Troia tem havido louras perigosas e Páris bem vale uma missa negra. Mas no *film noir*, como dizia Carl Denham em *King Kong*, as louras andam escassas. Vamos vê-las passar.

O carteiro sempre toca duas vezes é a perfeita novela negra. Talvez por isso foi filmada tantas vezes. Há uma versão francesa de 1939, *Le dernier tournant*, Visconti se apropriou dela em 1942 e realizou *Ossessione*. E a Metro a fez para Lana Turner em 1946. (Há outra versão recente com Jack Nicholson). A novela é de 1934 e foi escrita por James M. Cain quando era um obscuro jornalista e ainda mais obscuro roteirista (ninguém podia ser mais obscuro em Hollywood) que havia completado 42 anos. É a novela negra por antonomásia: com apenas 120 páginas de muito sexo, pouco cérebro e é suja. Sua outra novela famosa, *Double Indemnity (Dupla indenização)* teve uma única versão, *Pacto de sangue*, dirigida por Billy Wilder e escrita por Raymond Chandler. Deve-se dizer que o filme é muito mais perfeito que a novela original. Aqui Fred McMurray é o não só herói cabal negro (quer dizer, um anti-herói, como todos os protagonistas de Cain) como também Barbara Stanwyck com uma frondosa peruca loura assentou, em 1944, as bases para a loura raivosamente perigosa. Como Cora, outra heroína tão adjetiva como as drogas que levam seu nome, Lana Turner (loura, toda de branco) era como um clone de Stanwyck: astuta e muito mais implacável. Quase 50 anos depois a personagem, ainda loura e má, de Jessica Lange devia sua carga sexual ao livro, ao dizer, ao pedir: "Me morde, me morde, me arrebenta". Mas sua atuação não ia mais além da loura raivosa da Stanwyck. Por outro lado, Lana Turner era mais bela, mais desejável e tão impoluta como uma virgem-puta.

A fosca entre as foscas que não ganhou um Oscar foi Lizabeth (corruptela de Elizabeth) Scott (verdadeiro nome Matzo), que era uma loura miúda sem papas na língua. Seu atrativo ambíguo a fez processar a revista *Confidential* por tornar públicas suas "preferências sexuais". Sua voz viriloide e seu ar forte fizeram de Lizabeth Scott a perfeita amada andrógina. Ela era capaz de tourear com cada macho a cada noite para ser uma louva-a-deus amante. Digo tourear porque ela podia agarrar seus maridos pelos chifres e fazer deles cabrestos cabisbaixos. A miúda Scott era capaz de dominar os machos. Isso a fez perigosa e fascinante ao mesmo tempo.

Marilyn Monroe, que foi a amante de Louis Calhern em *O segredo das joias*, fez um único filme negro, *Torrentes de paixão*, e apesar de seus dotes, dois, a estrondosa catarata do Niágara (água com ruído) lhe roubava as cenas. Devia ter usado uma peruca de corvo, como Uma Thurman, que é quaser albina, usou em *Tempo de violência*. Para acentuar a negritude, Tarantino pintou as unhas de Uma de vermelho-preto, graças a Dior. Por certo, desde as unhas verdes de Liza Minnelli em *Cabaret* uma cor de esmalte não havia causado maior impacto nas espectadoras para torná-la a mais vendida na seção de cosméticos.

A escassez de louras como damas do *film noir* que dão sempre xeque-mate é porque os delinquentes as preferem de cabelo preto. Sharon Stone é a única loura atual que pode protagonizar um filme do gênero. De fato o fez em *Instinto básico*, onde se ocupou mais em demonstrar que era uma loura natural do que ser uma encarnação do mal. Demi Moore, com sua voz de névoa, de treva, é mais crível como mulher perigosa: um anjo com uma mensagem mortal.

A mulher má de cabelos negros aparece em *Assassinos*, de Robert Siodmak, que consegue nos primeiros 30 minutos do filme o que é a adaptação perfeita do conto de Hemingway e a recriação quase perfeita do ambiente americano, ao mesmo tempo cotidiano e terrível, quando dois assassinos profissionais chegam a um pequeno povoado perto de Chicago para matar um homem do qual só conhecem o nome. A *femme fatale*, bela e perigosa, é aqui uma Ava Gardner noviça. É preciso recordar que em inglês Ava se pronuncia Eva?

Burt Lancaster foi a vítima em *Assassinos* e volta a sê-lo em *Baixeza*, a obra-prima de Robert Siodmak. Agora a mulher má é Ivonne de Carlo no papel de sua viúva, *de sua vida*. Quando aparece pela primeira vez dança um mambo nada menos que com Tony Curtis! *Baixeza*, como *Assassinos*, é uma tragédia que usa a forma do melodrama e o recurso narrativo do *flashback*, que é ao mesmo tempo uma nociva nostalgia e o perfume da lembrança de uma terra onde todas as mulheres são perfeitas — e venenosas. Essa é a terra onde o espectador sonha o sonho do cinema negro, com terrores mágicos, ataques de inimigos imaginários e fantasmas que povoam a noite — e o dia.

O sistema narrativo tomado por Robert Siodmak da tradição expressionista alemã foi usado pelo diretor Edward Dmytryk em uma película derivada do cinema negro. Não, como quer seu diretor, capaz de ter inventado o gênero. Invenção da exacerbação do melodrama que John Huston podia reclama melhor — e não o fez. Entre outras coisas porque Huston sabia que não havia invenção mas sim a ilustração, palavra por palavra, da novela de Hammett, a qual pertenciam até os gestos dos personagens — como essa mão trêmula que Bogart exibe para mostrar seu caráter. O filme de Dmytryk é *Até a vista, querida,* adaptação da novela de

Raymond Chandler *Adeus, preciosidade*. Chandler tinha um axioma para noviços que era uma regra de ouro:"Quando você estiver atrapalhado, faça entrar uma mulher com duas tetas". Desde então o cinema negro não fez mais que ilustrar esta regra de dois.

Depois dessa emulsão de Scott (Lizabeth) a tela parece pertencer a todas as morenas mais negras. Em uma recente ressurreição do *film noir* há várias trigueiras que podem ser as morenas de minha cópia. Nicole Kidman, ruiva que pode dar uma negra como Mary Astor, aparece em *Malícia* tão irracionalmente malvada como em *Um sonho sem limites*. Mas em *Malícia* ela não é má, é pior: é uma calculista atroz e uma assassina por cobiça. Desde Barbara Stanwyck em *Pacto de sangue* não há uma mulher má como ela. Uma morena de verdade em *Delusion*, Jennifer Rubin se transforma na malvada louva-a-deus do deserto. Viaja como consorte de um assassino a soldo, o qual encontra o protagonista numa estrada, quase uma tautologia, do Vale da Morte. Rubin, tão negra de cabeça quanto de intenções, é uma das presenças fisicamente mais poderosas do gênero e de uma rara eficácia para insinuar o mal oculto por trás da beleza e do sexo.

Dominados pelo desejo é baseado, como *Os imorais*, em um romance *noir* entre os tantos de Jim Thompson, o Raymond Chandler do gênero. Agora a viúva negra ainda não se casou, porém já enviuvou várias vezes. É a adulta e ardente Rachel Ward, que enreda em sua teia de aranha letal Jason Patric, ator que se especializou em ser o eterno perdedor, como Lancaster antes dele.

Em *Os imorais* Anjelica Huston, como Barbara Stanwyck, ainda tingida de loura, negra é, negra permanece. Aqui é tão falsa quanto seu cabelo e ao mesmo tempo mãe cruel. Para completar seu currículo malvado, é incestuosa e parricida e mata por dinheiro. A frase final de Thompson: "Ela riu e deu uma última olhada zombeteira no cadáver estirado no chão". Esse cadáver é o do filho que acaba de seduzir.

John Dahl é o Robert Siodmak de nossa época. Como Siodmak, o jovem Dahl prolifera, como uma flor do mal menor, nos filmes B. Só que agora não há filmes B nos cinemas: todos são feitos para a televisão. Mas Dahl, à força de seu talento, obteve tão boas críticas para seus filmes que forçou os produtores que sabem o que querem (depois que outros o queiram) a fornecê-los para o cinema. Dahl, por certo, acredita na maldade dos cabelos negros. John Dahl (não confundir com o ator John Dall, favorito de Hitchcock em *Festim diabólico* e de Joseph Lewis em *Mortalmente perigosa*) tem três filmes que são igualmente *noirs*. Como Tarantino em seus dois filmes e meio (que escreveu *Amor à queima-roupa* para Tony Scott mas descartou *Assassinos natos* do sempre oportunista Oliver Stone) é da geração do vídeo. Ao contrário de Tarantino e seguindo seu mestre Hitchcock, Dahl prepara cada película, cada sequência, cada *shot*, num toma-lá-dá-cá, com o mais meticuloso cuidado. Suas *story-boards* (o fotograma desenhado antes de ser filmado) têm fama ser praticamente o produto final. Em seu primeiro filme, *noir* entre os *noirs*, *Mata-me outra vez*, sua heroína é Joanne Whalley-Kilmer (então mulher de Val Kilmer, ao qual tenta matar várias vezes), que é tão negra de cabelo quanto de intenções e tem o aspecto de uma Frida Kahlo atraente. Em seu segundo filme, *Morte por encomenda*, Lara Flynn Boyle, a inocente protagonista de *Twin Peaks*, é negra, negra e má, muito má. *A última sedução* tem à frente Linda Fiorentino, que é a louva-a-deus negra sem outro deus que não o dinheiro. Dahl é um poeta do humor negro. Numa cena ele se mostra um mestre: sua heroína, em um bar nada menos, antes de acariciar seu presumido *patsy*, enfia a mão pela braguilha, tateia, depois tira a mão e a cheira como uma catadora ao tato.

Esta é *la plus que noire*, Linda Fiorentino. Curiosamente Mary Astor em *Relíquia macabra* se chamava de fato Brigid. Em *A última sedução*, que é a melhor aparição da Fiorentino, ela se chama Bridget. Se a Brígida de Astor podia rimar com frígida, Fiorentino vive na zona tórrida. Mas, como teria desejado seu remoto antepassado, o Florentino, é uma maquiavélica maquilada mas seu sexo nunca é um simulacro.

Linda não quer dizer linda em inglês. No alemão medieval queria dizer sempre serpente. O que vem a propósito para Linda, já que ela é ao mesmo tempo Eva e a serpente em todos os seus filmes: a maçã fica entre suas pernas. Não por gosto Fiorentino rima com Tarantino. Seu verdadeiro nome é Clorinda, mas de alguma maneira seu nome próprio parece impróprio. Às vezes uns cronistas a chamam Lilith, que é o nome hebreu para serpente. Diz-se que Lilith foi a primeira mulher de Adão, antes que

Eva aparecesse. Lilith foi uma mulher da noite que se acreditava um espírito do mal. Em *A última sedução* Linda Fiorentino, uma mestra do ato sexual sujo, liquida os dois Adãos sem sentir a menor culpa. Sua árvore do bem e do mal produz dólares em vez de frutos. Como versejou José Jacinto Milanés cem anos atrás: "Ver folhas verdes só te excita". Esta é a verdadeira efígie de Linda Fiorentino em sua última sedução do espectador. Para ela cada coito é uma bifurcação e às vezes uma trifurcação. Seu sexo deixa de ser latente só para fazer-se patente. Resulta irônico que esta rainha da noite negra tenha feito um teste para *Instinto básico* que consistia em estender-se numa cama, negra sobre branca, sem roupa. Não conseguiu o papel, como se sabe. Mas não se sabe que foi porque, nua, em vez de tetas tinha mamilos. Ganharam as úberes completas. E quase perdemos a mulher mais fascinante do cinema — que é outro nome para o paraíso.

O BRILHANTE
BRIAN (DE PALMA)

Quando perguntam os nomes dos cinco diretores jovens mais importantes da Hollywood atual, invariavelmente se ouve a resposta como uma lista: George Lucas, Steven Spielberg (dois anos atrás Spielberg teria vindo em primeiro), Martin Scorsese, Francis Ford Coppola e Brian de Palma. (Pessoalmente, eu eliminaria Coppola, porque não só já é maiorzinho agora como também já estava fazendo filmes, como *Agora você é um homem,* em 1967). Steven Spielberg é, do grupo, o que mais tem imaginação visual, como provam *Tubarão* e *Contatos imediatos de terceiro grau,* este último o mais imaginativo filme de ficção científica desde *2001, uma odisseia no espaço,* e que não deve nada à excelente série de TV *Jornada nas estrelas*. Martin Scorsese mostra sempre uma capacidade para desmascarar seu pretendido realismo com toques imaginários, como o prólogo que contagia em *Alice não mora mais aqui* ou exaltando a realidade até o estado de pesadelo, como em *Taxi Driver,* em que as ruas de Nova York são versões visuais do inferno. Mas foi Brian de Palma que fez da imaginação sua *terra firma:* não saltou, como Lucas, do neorrealismo nostálgico de *Loucuras de verão* para a falsa fábula de *Guerra nas estrelas*. Em vez disso, desde seu primeiro filme importante, *O fantasma do paraíso* (1974), manteve uma constância de tema e tratamento de absoluta coerência. De Palma, que foi o descobridor de duas estrelas hoje aclamadas, Robert de Niro e Jill Clayburgh, começou fazendo comédias e *thrillers,* como *Irmãs diabólicas,* que gira em torno do duplo corpo de irmãs siamesas e descontinuou a veia cômica a partir de *O fantasma,* seus *thrillers* se tornam cada vez mais misteriosos, mais imaginativos, decididamente fantásticos.

O fantasma do paraíso é do gênero grotesco, onde a paródia, não do original magistral com Lon Chaney, mudo, com cores ocasionais e um dos filmes mais belos do cinema silencioso, mas também das sucessivas cópias, com Claude Rains (1943), com Herbert Lom, inglesa (1962), com Jason Robards e Herbert Lom outra vez (1971), empreitada difícil, pois parece impossível parodiar o que já é paródia. *O fantasma* se anuncia em toda parte como um filme de horror *rock* e apesar de seu pouco êxito inicial se converteu com justiça em um filme *cult*. Poucas películas reuniram tão bem o *rock*, o horror e um tema que era *pop* antes do *pop*, a novela em que Gaston Leroux acertou com um mito universal. Vindo sem dúvida de um mito menor, *O corcunda de Notre Dame*, Leroux, melhor inventor que Victor Hugo, encarnou esse espectro de uma casa encantada, em uma versão do mal — que por sua vez tem origem na bondade, o bem destruído por outras formas de maldade mascaradas. De Palma concebeu seu malvado fantasma como um pobre compositor, Winslow Leach, roubado de suas criações pelo empresário Swan e apaixonado sem esperança por Phoenix que, como o nome indica, é uma reencarnação eterna. O filme substitui a ópera pelo *rock* e o Teatro da Ópera pelo Paraíso *pop*, e a paródia, que alcança extremos de comicidade, é por sua vez uma homenagem a esse personagem comovedor, o pobre fantasma desfigurado — e que o compositor roubado, escarnecido e convertido em monstro seja por sua vez interpretado pelo autor da música do filme remete a um jogo infinito de espelhos entre a fantasia e a verdade do cinema.

O filme seguinte de De Palma foi assombroso porque não só declarou sua admiração por um diretor de cinema deveras admirável, Alfred Hitchcock, como também que a homenagem estava repleta da mesma matéria com que são feitos os filmes de Hitchcock, com que são feitos os sonhos. *Obsessão* é não só a história de uma obsessão como também a crônica de um amor duplo. Cliff Robertson (admirável ainda para os que não aceitam este ator) casa com uma mulher bela e frágil e destinada a um fim trágico: a bela e frágil Geneviève Bujold. Há um sequestro na mansão do milionário Robertson e, por incapacidade da polícia, sua mulher e sua filha sequestradas sofrem morte violenta. Tempos depois, visitando em Florença um lugar que era comum a ambos, Robertson se encontra com a exata réplica italiana de sua mulher morta — de quem se enamora tão perdidamente como do amor novamente encontrado. Até aqui existe certa semelhança com *Um corpo que cai*, porém, mais atrás, há uma semelhança estranha com *Más allá del olvido* (1958), a excelente película de Hugo Del Carril. Será que o original de Hitchcock, *De entre as mortos*, de Boileau-Narcejac, e a novela argentina devem tudo a *A última cartada*, a fita de Feyder feita em 1934? Pouco importa para De Palma, que, em que pese a homenagem a Hitchcock (até se apropriou do músico do melhor Hitchcock, Bernard Herrmann), prossegue a trama com duplas e triplas torceduras, até revelar que, ao contrário de *Um corpo que cai*, o verdadeiro tema de seu filme é essa forma de amor impossível: o amor carnal entre carnais. Mas como o que faz incesto faz um cento, o filme termina com o pai e a mulher perdida e a filha encontrada amando-se eternamente — ou enquanto dure a música e a imagem, românticas, arrebatadas.

Carrie, a estranha é o encontro de De Palma com outra forma de energia mental, mais poderosa que o amor e mais letal que o ódio: a telecinese. Para os não iniciados na física metafísica das ciências ocultas é preciso informar que a telecinese é a capacidade física que tem a mente de mover objetos sem intervenção do corpo, desafiando a lógica e burlando a gravidade e as leis da dinâmica. Carrie, uma inocente colegial, é ignorante: não só ignora tudo de seu corpo (fenômenos naturais como a menstruação) como também tudo de sua mente (fenômenos sobrenaturais como a telecinese) e padece por essa dupla ignorância, devida principalmente a sua mãe (a ainda bela e agora atriz extraordinária Piper Laurie) e seu fanatismo religioso. Carrie, a garota, sofre a crueldade fanática de sua mãe e a crueldade impensada de suas amigas, até que Carrie, sua mente, se vinga de maneira inconsciente de umas e consciente da outra, num paroxismo de facas que voam sozinhas para crucificar sua mãe em uma paródia sádica do martírio de uma santa diabólica. O filme termina, depois de uma breve retomada de fôlego, num dos pesadelos mais eficazes do cinema — com a bela amiga de Carrie quase arrastada ao túmulo. Essa amiga, essa atriz, chama-se Amy Irving.

Amy Irving é a protagonista da melhor película de De Palma, *A fúria*. Entre nomes conhecidos como Kirk Douglas e John Cassavettes, destaca-se não só a sua saudável beleza como o movimento dramático que dá a suas suaves feições americanas para converter-se numa verdadeira fúria, encarnação contemporânea das antigas erínias. O tema é de novo o poder da mente, como em *Carrie*, mas dessa vez não é apenas a telecinese como também a capacidade de destruição do poder mental, agora tão letal como um explosivo lento — ou violento, conforme avança o filme. A película começa plácida no Mediterrâneo, *mare nostrum* que se transforma em seguida em *terra incognita* pela violência súbita. A parada seguinte é Chicago, mas não é a máfia, tão cara a Coppola, que ameaça nas ruas escuras, mas sim uma misteriosa agência governamental, perto da qual a CIA é uma tia. Visualmente, a Chicago de De Palma não é a Nova York de Scorsese e ainda assim as perseguições que terminam em morte são vistas com uma beleza bucólica, se é que se pode aplicar este adjetivo à cidade. É incrível que tanta urbanidade esconda tanta maldade: ruas nebulosas, elevados imundos, carros em fuga são a camuflagem do mal. Outras cenas, em que se mostra o poder mortal da mente, se passam em ricas mansões ensolaradas — e o final, ante cuja violência o fim de *Carrie* é brincadeira de adolescentes, ocorre não à noite como o clímax, mas sim de dia e é, literalmente, uma explosão visceral. A feitura deste filme bonito visualmente (o melhor que fez De Palma até agora) não só é impecável como também obra de um virtuoso artístico, de um técnico magistral, de um brilhantismo raro mesmo em um cinema tecnicamente tão perfeito como o cinema americano atual. Sem dúvida, para repetir o título e unir o fim com o princípio, Brian de Palma é brilhante.

A OUTRA FACE DE "SCARFACE"

Agora a película se chama *O preço do poder*, que é mais um título de ensaio político do que de filme. Mas em inglês e em toda parte se intitula *Scarface*, como a versão original de 1932. Esse *Scarface* é uma de minhas memórias míticas:

"... entre todas as lembranças há a do caminhão que passava com uma tumbadora, um trompete, um ritmo de conga e uma voz estentórea que gritava: 'Por fim! Esta noite! Finalmente! O filme do ano! Sem poupar custos!' Era, vocês já adivinharam, a propaganda de *Scarface*, em que "trabalhava" Paul Muni, com George Raft e uma certa Ana de nome impronunciável, Ann Dvorak, durante muito tempo um ideal de beleza feminina. O programa, um volante que veio voando, elogiava o filme como uma 'grande produção. A história grandiosa do Rei do Crime. Abriu caminho no mundo a tiros e morreu nas garras da lei'. A clamorosa confusão terminava numa apoteose: 'Não deixe de ver! Cativará seu coração com o chumbo homicida!' Desde então não pude esquecer *Scarface*. Já o vi outras vezes: de novo em minha infância, quando jovem em Havana, em Nova York faz pouco tempo, mas sempre recordo aquele dia de Quaresma ardente, aquela noite sufocante em que Paul Muni falava pelo costado da boca, pronunciando insinuações nasais ou jurando violências ou fazendo amor com frases carnosas... Muni morria na rua sob o letreiro luminoso que prometia um mundo colorido".

Esse foi o primeiro *Scarface*, a obra-prima dos filmes de gângsteres, a fita que fez a fama de Paul Muni e do diretor Howard Hawks. Creio que Hawks tem algo a dizer sobre sua origem:

"Algumas vezes, logo se descobrem os parentescos, como aquele de onde surgiu o roteiro de *Scarface*. Pedi a Ben Hetch que o escrevesse e ele me disse:
— Você quer realmente fazer um filme de gângsteres?
— Sim — eu lhe disse -, porque tenho uma ideia... É a de que Capone é César Borgia e sua irmã Lucrécia Borgia.
— Começamos amanhã — me disse Hetch".

Mas aconteceu que Hawks é um dos mestres da mentira no folclore do cinema, atribuindo-se frases felizes de Orson Welles ou gracejos de John Ford. Não foi ele quem teve a ideia de fazer um filme de gângsteres tendo Capone como *capo*. Tampouco lhe ocorreu o bordado incestuoso que era o centro da trama criminosa. Nem mesmo lhe ocorreu o título implacável: *Scarface*. Foi antes uma novela de um tal Armitage Trail, publicada sob pseudônimo em 1930: ninguém queria cortar a cara de Capone nem com uma pluma. A ideia de transformar o livro em filme pertence menos ainda a Hawks. Foi de seu quase homônimo Howard Hughes, o excêntrico milionário que era então inventor moderno, exímio piloto, arrojado produtor de cinema, ele próprio diretor e amante de cada estrela que despontava ou já em declínio, em uma promiscuidade insuspeitada ao se ver o velho misógino que morreu em Las Vegas em 1976, incapaz sequer de apertar mãos por medo do contato que contamina.

Hughes contratou para escrever o roteiro um escritor vindo de Chicago para Hollywood que havia escrito a sinopse em que se baseou o primeiro filme de crime, *Paixão e sangue*, dirigido por um mago do cinema, Joseph Von Sternberg, filme que fez chorar o jovem Borges em sua estreia. (Ainda hoje declara ter aprendido a arte de narrar vendo exatamente esse filme). Mas a *Paixão e sangue*, em que pese sua excelência, faltava um elemento essencial para ser a perfeita película de gângsteres: o som. No cinema é impossível poder apreciar o impacto de uma bala sem o seu estampido: ouvir o projétil silvar é tão eficaz quanto ver rasgar a carne ou notar a fumaça do revólver. Para que Scarface existisse fazia falta a invenção do cinema sonoro e, como sempre em Hollywood, ter pelo menos dois êxitos prévios do mesmo gênero. As películas que conquistaram a bilheteria a balaços foram *Alma no lodo* (1930) e *O inimigo público* (1931). Hughes, com sua habitual perspicácia comercial, depois de contratar Hawks como diretor, havia chamado para colaborar no projeto o único escritor que considerava capaz de unir seus meios com o princípio e fazer de *Scarface* um fim, um filme, uma nova *Paixão e sangue*. Mas *Scarface* agora seria essa novidade que já conhece a existência anterior de Edward G. Robinson em *Alma no lodo* e James Cagney em *O inimigo público*. Esse escritor se chamava Ben Hetch e é nossa última testemunha.

"O trabalho que fiz para Hughes foi um filme chamado *Scarface*. A notícia de que se tratava de um estudo biográfico de Al Capone trouxe a mim dois testas de ferro que queriam assegurar-se de que nada infamante para o grande pistoleiro chegasse à tela. Os dois sicários vieram ao meu hotel. Passava de meia-noite. Entraram no quarto tão ameaçadores quanto um par de gângsteres do cinema, seus rostos duros e as pistolas avultando debaixo dos paletós. Traziam uma cópia do roteiro de *Scarface*. O diálogo que se seguiu não constava do roteiro:

— Você é o cara que escreveu isto?

Confirmei.

— Nós o lemos.

Perguntei se haviam gostado.

— Queremos lhe fazer uma pergunta.

Eu lhes disse que fossem em frente.

— Esta coisa é sobre Al?

— Meu Deus, não. Nem sequer conheço Al.

— Nunca o viu, hein?

Disse-lhes que havia saído de Chicago quando Al começava a ser proeminente...

— Se isto não tem nada a ver com Capone por que se chama *Scarface*? Todo mundo vai pensar que é ele, Al.

— É exatamente este o motivo — eu disse. — Al é um dos homens mais famosos e fascinantes de nosso tempo. Se chamamos o filme de *Scarface* todos pensarão que se trata de Al e vão querer vê-lo. A isto se chama estar na crista da onda.

Meus visitantes avaliaram minha resposta e um deles disse finalmente:

— Nós diremos a Al. — Pausa. — E quem diabo é esse tal de Howard Hughes?

— Não tem nada a ver com nada — respondi, falando a verdade pela primeira vez. — É apenas o cu que caga o dinheiro.
— Ok. Que ele vá pro caralho. Meus visitantes se foram."
(Ben Hetch em *Um filho do século*).
Hetch, como Hawks, como Hughes, era um mentiroso de primeira. (Parece que não há meio de fazer cinema sem mentir). Uma breve revista na história do cinema e da literatura de gângsteres prova que todos mentiam. Ainda que se trate de ver cinema, não de dizer a verdade. Mesmo tendo passado meio século desde a estreia do primeiro *Scarface*, o produtor Martin Bergman mente ao dizer que seu filme não é um *remake* da película original. Sua razão comercial? "O submundo", declarou em Hollywood, "mudou radicalmente desde os dias de Capone". Mas não por certo o argumento inicial que vem da novela de Trail e vai até Brian de Palma, seu diretor, para deixar um marco tão visível como a cicatriz na face de Al Pacino: este a acaricia, destaca e exibe como uma honrosa marca registrada. Quase combina com suas coisas Gucci e Cerruti e sua enorme banheira Jacuzzi. Se este *Scarface* não é um *remake* do *Scarface* original, que venham, Hughes, Hawks e Hetch e o vejam. Cada um deles, estou certo, reclamaria a paternidade do feto *ipso facto*.

O atual *Scarface*, claro, omite a antiga metáfora do poder pelo dinheiro expressado no apreço pelo luxo com a repetição sinuosa de "*Expensive, eh*" (que quer dizer "Caro, hein?" e que pode agora aplicar-se também à película, uma produção de 32 milhões de dólares que não assombrariam um Tony Montana mas sim a você e a mim) na voz nasal e em falso falsete de Paul Muni, ator judeu que fazia o papel de italiano mafioso. Al Pacino, de origem italiana, é aqui um cubano *cui Bono*.

Há, sim, a transferência do cetro, usando mais que um *petit* cetro uma cigarrilha barata, infumável, trocada por seu chefe por um *puro* de marca. Desta vez não é, como antes, um havana de verdade: a película respeita as interdições federais. Nada de havanas. Os bandidos podem traficar cocaína e vidas humanas, mas nunca fumaram charutos importados ilegalmente de Cuba. Mesmo assim a tomada do poder por Al Pacino não se completa, como no primeiro *Scarface*, pela conquista pacífica da mulher do chefe, que antecedia sua morte violenta. Desta vez a boneca saxã de "olhos setentrionais" do soneto detesta tanto seu primeiro amante quanto seu atual marido: os dois não passam de escória para dar corpo à coca. A atual camada cubana no exílio é para ela ainda mais depreciável porque chegou a Miami, a sua sociedade, na crista da onda de miséria humana expelida quase como matéria fecal ao mar, ao mal. Pacino nunca irá conquistar essa boneca loura de olhar azul, entre outras coisas porque não está interessado na conquista amorosa mas apenas na posse física: sua mulher é sua casa e entra nela como seu amo. Ambos, contudo, estão unidos pelo impoluto porém infame cordão branco da coca.

(Vendo *Scarface* pode-se refletir sobre se a cocaína [como a morfina, como o LSD: droga velha, droga nova] figuraria no Censo da Maldade de Melville: o pó branco que pode cobrir o mal como um sudário: branco pó, morte branca. Trata-se aqui, agora, não do poder como droga, mas sim da droga como poder. A coca é vida e morte. Como diz um dos cocaineiros do filme: "Neste negócio sujo a gente pode ficar muito rico muito depressa ou acabar muito morto". Al Pacino sofre ambas as metamorfoses e termina num sepulcro branco).

A palavra gângster se transformou em nome nos Estados Unidos no século XIX, mas foi o cinema em finais dos anos 20, durante a lei seca, que tornou a palavra de uso obrigatório. O gângster epônimo, segundo Hollywood, foi Alfonso Capone, apelidado Scarface. O filme *Scarface*, estreado ao final do auge do cinema de banditismo, chamava seu herói de Tony Camonte e o extrai sem o admitir do submundo italiano em qualquer Little Italy urbana: Chicago, Nova York. *Scarface 84* tem por sede secreta a Little Havana de Miami e por anti-herói Tony Montana, um cubano expelido de Cuba pelo Mariel. O marielito, ao apresentar credenciais no início do filme, assegura que aprendeu inglês vendo filmes de gângsteres. Este gênero do cinema acabou convertido assim em educação.

O gênero de gângsteres começou, como se sabe, no cinema mudo, onde a imagem silenciosa impunha seu mutismo ao espocar letal das pistolas. Curiosamente, agora uma das armas mais eficazes no arsenal do cinema de violência é uma Magnum com *silenciador*. Inclusive o silenciador é empregado num momento crucial deste *Scarface* e foi um instrumento de horror inédito em *Assalto ao 13º distrito,* onde hordas de facínoras, mortais porém invisíveis, atacam uma delegacia de polícia com armas de fogo que não se ouve disparar. Ao final de nosso *Scarface* há um ataque silencioso à guarida do grande gângster por um bando sigiloso, mas o filme termina entre o estrondo da violência armada.

Alguns críticos protestaram contra esta ampla luta letal. Para mim não é mais que o paroxismo do melodrama que quer ser tragédia. Tony Montana morre crivado de balas, entre espasmos que lembram o orgasmo que nunca teve quando fornicava com a boneca de valentão, bibelô suprimido. É mais esse coito com coca que não se vê nunca. Nem sequer vemos os dois na cama e Montana se consola sozinho no banheiro. *Scarface* é, para essa época, uma película sem sexo. Na hagiografia do banditismo americano, já desde William Faulkner em *Santuário* (onde o bandido Popeye deflora a boneca da sociedade que raptou... com uma espiga de milho), o gângster é um prepotente social. Também é um impotente sexual.

Para julgar esteticamente *Scarface* é necessário saber o que quer dizer *Trash*, pois *trash* é a marca e medida desta fita. *Trash* é uma palavra inglesa que significa 'lixo' e também 'inconsistente'. *Trash* é o barato e grosseiro, *trash* é ninharia, de pouco valor. Mas o *trash* foi elevado a conceito artístico, a *Trash*, nos anos 60, como uma consequência do movimento *pop*. *Trash* eram as menosprezáveis reproduções de Andy Warhol, magistrais, porém perecedoras e, claro, também suas películas, todas *Trash*. Mesmo seu assassinato frustrado foi obra de uma *trashy* demente. Do cinema marginal de Nova York a moda viajou para Hollywood e o *Trash* adquiriu um ouropel como vestuário. *Trash* são as primeiras comédias de Woody Allen e as últimas comédias de Mel Brooks. *Trash* são também todos os filmes de Burt Reynolds: *Trash* após *Trash*. *Trash* é o exitoso *O panaca,* com um Steve Martin que assume sua condição de *white trash* entre negros. *Trash* é sempre cômico ou paródico. Agora *Scarface II* é *Trash* à *grande maneira,* quase *TRASH!*

De Palma, ítalo-americano, elevou este conceito (ou maneira) à categoria de *grand guignol.* Mas não é a violência nem o sangue derramado nem sequer o sujo sadismo o que nos incomoda em

Scarface, mas sim o seu exagerado sentido da vida e da morte. Seu protagonista, Tony Montana, não se contenta em cheirar cocaína como qualquer ator sem caráter, mas aspira, literalmente, montanhas do cobiçado pó colombiano: branco que te quero branco. Aqui o herói é uma exagerada versão do machismo brigão ("Meus bagos são feitos de aço", anuncia Montana, muito macho), mas a única heroína é a coca. Com Tony Montana, o marielito, o cubano, o novo Al Capone, o *trash* é realmente *trash*cendente.

Um crítico disse que Tony Camonte, no primeiro *Scarface*, "tem a inocência de um menino ou de um selvagem". No segundo *Scarface* a única inocência possível para Tony Montana é a do selvagem — e não exatamente a de um "nobre selvagem" mas a de um animal. A diferença talvez esteja em que Tony Camonte era um emigrante italiano e Tony Montana é um pária de uma ilha. Em todo caso Camonte pode aparecer pela primeira vez na velha versão como uma única sombra lenta que assovia uma ária de *Lucia di Lammermoor* — enquanto vem cometer seu assassinato por contrato. O único contato visível de Tony Montana com a arte é ter visto na Cuba castrista velhas películas de Cagney e Bogart na televisão. Esta diferença de referências culturais — alta cultura, cultura popular — é importante. Se Tony Camonte pode, em *Scarface* (1), ver uma peça teatral (*Chuva*, de Somerset Maugham) a qual lamenta abandonar após o primeiro ato, já que deve executar pontualmente um quadrilheiro rival (é falta de educação fazer a vítima esperar), não há em todo *Scarface* (2) um único momento em que Tony Montana seja espectador. Nem sequer da ubíqua televisão, que só usa para vigiar os acessos a sua mansão, um bastião inexpugnável. Não existe ócio para Montana: é um homem todo ação. Sua única diversão são os vícios: cheirar cocaína ou fumar um charuto enorme submerso numa banheira de espuma branca no seu imenso quarto de banho barroco e dourado. Como Lee Marvin em *Assassinos* (versão dos anos 60, de Don Siegel), o primeiro malfeitor total do cinema moderno, Montana é um homem que foge, um criminoso com pressa: *A killer in a hurry.* "Não tenho tempo, senhora", explica Marvin num sussurro à estrondosa Angie Dickinson, antes de perfurar silenciosamente seu corpo esplêndido: o assassinato como violação final. Lee Marvin por certo é o primeiro assassino do cinema que mata, como os gângsteres do mudo *Paixão e sangue*, sem ruído. Montana também usa uma pistola silenciosa para liquidar seu antigo *capo* cubano e um policial americano que quer que lhe aumentem o salário do vício. Assim, o silêncio pelo silenciador.

Em *Scarface* agora, como antes, todo mundo é um criminoso em atividade ou vive do crime ou o aprova. Só a mãe de Montana escapa a essa contaminação. Sua mãe e sua irmã, a incestuosa Gina. Embora Gina vá finalmente se contaminar com a coca. Entre o dinheiro e o ouropel e o vício não há lugar (nem tempo) para a virtude. Nem sequer para a lei e a ordem. Ao contrário do primeiro *Scarface*, a polícia não interfere para impor uma legalidade permanente ou pelo menos precária. É outra forma feroz do banditismo, as hordas da coca, as que derrubam o Rei do Crime — para instalar, claro, outro rei ainda mais implacável. É preciso recordar que Tony Montana é liquidado não por trair seu sócio colombiano, mas sim por negar-se a matar uma testemunha perigosa ao vê-la acompanhada de mulher e filhos. Este é o único instante de possível redenção para o criminoso cruel, mas o contexto do filme o apresenta como um comportamento inexplicável, absurdo. Como diria Macbeth, Montana foi tão longe em seu lago de sangue que tentar voltar atrás é tão desatinado quanto continuar atravessando-o. (A referência a Macbeth é oportuna porque neste *Scarface*, como no outro, todo acesso ao poder é uma usurpação pelo assassinato aleivoso na madrugada).

Mas por que dedicar tanto espaço e atenção (e tempo) a um filme tão injuriado e malvisto pela crítica em toda parte? Simplesmente porque se trata de uma amostra de arte popular que (como nas comédias musicais ou nos faroestes ou em Walt Disney e sua fauna animada) não quer ser considerada outra coisa senão entretenimento puro. Neste sentido *Scarface* tem tanto a ver com a sociedade (ou com vida de Miami e o contrabando de coca ou a moral ao uso) como tinham a ver com a realidade outras películas de Brian de Palma, como *Carrie* ou ainda esse ataque fantástico à visão que foi *A fúria*. Neste sentido De Palma seguiu a regra de ouro da arte: ninguém que se considere artista pensa que a arte tem de oferecer soluções ou sequer expor problemas. Esta prerrogativa fica para a ciência ou as ciências aplicadas. Ou para a sociologia, essa pseudociência. A arte tem a ver com a arte, mesmo se é arte popular, sobretudo se é arte *pop*. Se *Scarface* se classifica como arte é porque se trata da reprodução (como o retrato de Marilyn Monroe por Warhol) de uma obra de arte anterior, *Scarface,* que tinha a ver com o mundo dos gângsteres a mesma coisa que tinha a ver a relação incestuosa de seus protagonistas com Lucrécia Borgia e seu César, irmãos históricos. Esta equação vale tanto para uma falsa Chicago feita nos estúdios de Howard Hughes como para uma Miami reproduzida pela Universal. Tony Camonte (ou Tony Montana) nunca existiu. Só existe agora a cada vez que se projeta a fita: entre as luzes e sombras de um cinema ou em uma tela de TV.

No final o filme traz um aviso: "*Scarface* é uma história fictícia das atividades de um pequeno grupo de criminosos implacáveis". Já em uma remota entrevista feita em Chicago, Al Capone zombou das pretensões de autenticidade dos filmes de gângsteres. Sobretudo das que pretendiam ilustrar sua biografia ilustre com lustro. Estará agora em algum lugar da Flórida, no miasma de ouropel, o Tony Montana original, o Capone cubano, rindo-se das pretensões de autenticidade de uma película que para ele se chamará *O preço do poder,* que terá visto como arte e parte, crítico de exceção?

E A AVENTURA CONTINUA

Indiana Jones e companhia no Templo da Perdição

A aventura começa com um coro de orquídeas orientais dançando à luz da lua pálida e amarela. (É na realidade um refletor de um cabaré e as flores são figurantes chinesas). A corista principal — alta, loura (*loura*? Sim, loura) e com pernas tão longas que baixam do teto — entoa atonal mas com malícia escusatória a melodia para torná-la venturosa, aventureira. "*Anything goes!*", diz o estribilho que se sabe de cor, ao estilo mais mandarim: idioma chinês, dialeto de Xangai, sotaque de *chop suey*. "*Anything goes*" é a canção de Cole Porter, mas também um programa para o filme. Tudo vale e tudo segue. Tantos significados para um só título? Cole Porter costumava ser sutil e agora em chinês é apenas loquaz, tagarela. As garotas chinesas bailam enquanto a garota americana, mesmo loura, canta — e de imediato todas vão dar, dragão doce, com suas pernas contra um bando de Tongs: tom-tom-tom, pegue o seu tom, som saltitante.

À frente da comparsa feita de pernas longas e ideias curtas vai, sim senhor!, Indiana Jones, a quem vimos pela última vez recuperando, cobrando, a arca perdida. É difícil reconhecê-lo agora porque não usa seu chapéu *trilby*, nem seu chicote, xás!, nem sua jaqueta que parece de couro de tão suja. Imunda, é isso. Está vestido a rigor e, como a noite é chinesa, usa um *dinner jacket* que é a parte tropical de um *smoking*, e em Xangai, à época possessão inglesa, é um *dinner suit*. Jones, para não passar por indiano, chama seu traje de *tuxedo junco*. Agora o grupo de coristas coradas colide com os corifeus da gangue Tong. Rom-tom-tom! Topamos com a máfia milenar, Mister Jones. Evidentemente, entre a boa dança e as pernas perfeitas nos esquecemos de que acaba de ocorrer um momento mítico. Busby Berkeley encontrou Fu Manchu! Mas o encontro é em Dolby Stereo histórico, onde uma trombada ressoa a colisão entre um caminhão e uma locomotiva. Tron Tong tons!

Começa a aventura pura. Quer dizer, já havia começado dez minutos antes, mas agora com o mudo choque de muitas pernas pálidas e oito olhos oblíquos tudo muda, e há uma dessas pelejas confusas que o cinema, ou melhor, Hollywood, faz tão bem, e que a vida, medíocre empresária, nunca pôde igualar, nem sequer imitar ou dissimular. Rara referência. A longa noite chinesa prossegue, como nos bons tempos de Charlie Chan ou de Von Sternberg: um tinha um filho chamado Número Dois e o outro uma pupila azul chamada pássaro, chamada Shanghai Lily, chamada Marlene Dietrich. Ela também tinha pernas e muitos membros. Mas pernas? Para que tantas pernas? Usualmente só nos fazem falta duas para caminhar e num carro um só perna comprida basta e até faz maravilhas na maioria das vezes — fazem maravilhas com ela. O que fez a duquesa de Eboli com um olho ou Van Gogh com sua orelha ou Cervantes com um braço hábil o faz Marlene com uma só perna. Se vocês virem duas, é um espelho.

Mas agora em vez de Marlene temos outra aventureira loura, capaz de ir de Xangai até onde aponta a bússola. Idiota, isso se chama bruxa, bússola, agulha de marear ou astrolábio. Embora, de verdade, você com essa boca tente barganhar. Ela se chama Willie na aventura. Nome de homem? Diz Faulkner que Billie não é nome de homem nem de fêmea, mas sim de mulher má. Mas Willie? Assim se chamava Somerset Maugham, que gostava mais das aventuras no Oriente. Sob a chuva protetora sentava-se sempre na parte alta de seu aposento para ver passar o membro morto de seu amigo. Mas e essa Willie? Chama-se Kate Capshaw e seu nome difícil é fácil para a aventura e a doma. Kate era o nome de Catalina em *A megera domada* e é bom para uma mulher indômita que sente uma dependência dômita. Em todo caso ela, quando não corre, voa com Indiana Jones por todas as partes da cena e como tudo que sobe deve cair, caem de um terraço alto: de toldo em toldo e do toldo ao lodo da rua noturna. Mas antes de dar com a dura e rude realidade caem, cabem, dentro de um carro conversível e oportuno guiado por um anão asiático. Não é um anão, é um menino, amigo. É um menino amigo com essa precocidade maior que têm os menores nas aventuras dominicais, de "Aninha a órfã" a "Tintim". O carro marca U os conduz por Macau, cálido labirinto português na China continental, ali onde Orson Welles situou seu *História imortal* e desnudou Jeanne Moreau. Esta de agora é a aventura imortal, a aventura que não morre; o rolo de filme que não acaba.

Aqui, no dédalo doloso de Macau, de curva em U e recurva e meia, sabemos que o filme terminou, que pode terminar agora mesmo, desde já, e voltar a começar: e isto é o que passa uma e outra vez pela tela infinita. Umas aventuras são mais graciosas que gráceis, outras são rápidas ou lentas, outras mais ou menos incríveis. As aventuras são incoercíveis, compulsivas — e às vezes repulsivas. Indiana Jones está acompanhada agora por uma jovem mais bela e mais loura que a de ontem na África, e tem um sócio sujo que é um menino vietnamita capaz de encantar o herói e Herodes. O público desejaria que fosse siamês para que houvesse outro igual a ele. Isso se chama encanto. Sua sócia luxuriosa, Willie, é essa ameaçadora criatura que num momento parece disposta a ficar nua, loura pública, e no seguinte entregar-se ao primeiro lapidador da Índia que passe com uma pedra preciosa no pescoço.

Dat St. Louis Woman wid her diamon' rings!

E aqui, de imediato, no Handy mais à mão, encontramos a fonte e a origem de *Indiana Jones*. O outro, o *Templo da perdição*, não é mais que um som de terror: *Doom, Boom, Tomb*. A arca perdida é agora o Templo do Fado de lado. A película, estas aventuras de reação em cadeia, deve quase tudo a esse outro grande Milton, o Caniff, criador de *Terry e os piratas*, apelidado de o "Rembrandt dos quadrinhos". Tudo estava ali, o aventureiro americano, alto e bom moço, e até há um garoto chinês cômico: a dupla da dinamite. Isso é o que compõe em *Indiana Jones* o menino apelidado *Short Round* na aventura cômica. E quem é a garota loura, carnuda, esbelta, porém chamada Willie? Pois quem ia ser? O próprio Terry louro perseguido pela cruel e fiel Madame Dragão: a imagem deliciosa da morte, sedosa sevícia. Ela é para nós, que crescemos com a cota cotidiana de tiras e a cota adicional dos gibis de domingo, a visão encarnada da morte: agora se chama Dama e depois Lady. No Império do Sol Nascente a encarnação da morte é encarnada e às vezes vem de fulgurante branco, como o dia. Madame Dragão sempre se vestia de seda negra, em bata ou em pijama. Mas devo mencionar, se a discrição e a autocensura me permitem, a noiva que Terry teve. Não só para não deixar o aventureiro louro e romântico como *habitué* dos bares *gay* de Cingapura, mas também para dizer o nome dessa beleza em duas dimensões. Ela se chamava se chama, se chamará sempre April Kane: Miss Kane, a menos cruel da Aprils, cidadã Kane. Nunca choraremos o bastante esse aziago 29 de dezembro de 1946, quando Caniff passou a pena a George Wunder para cingir a espada em *Steve Canyon*. Muitos de nós então rebaixamos o evangélico Milton Caniff à altura de um de seus mais violentos vilões, o capitão Judas.

Mas tudo já estava deveras em *Terry e os piratas*. Basta ver uma única das imagens que compõem qualquer tira de quadrinhos de Caniff. Nesta desigual porém nítida amostra aleatória da arte de Milton, vê-se ao centro a malvada Madame Dragão, armada com duas pistolas ajustadas a sua fina cintura chinesa, que faz de sua mão mortal uma mordaça para calar os gritos de Burma. Esta era, coisa curiosa, também loura. Enquanto isso, ao lado, Terry, ainda um adolescente inocente, se vê ameaçado por um chinês calvo que obscenamente brande um garrote formidável com ambas as mãos. No outro extremo da gravura (Milton Caniff é um artista tão minucioso e meticuloso como Gustave Doré) Pat Ryan, que nas boas traduções dos tempos áureos era espanholizado como Pablo Ruano, acaba de despachar um trabalhador do mal por cima da mureta do cais e da morte. Atrás de Pat apareceu um herói ubíquo, Connie, o cule cômico, dominado em luta desigual por outro chinês na trama. Ou é, como queria Milton, por anjos alados, aliados? Há que dizer finalmente que todos os personagens principais, heróis, heroínas e vilões (e essa ávida vilã, vil dama), aparecem acima, em um plano superior iluminados por lampiões invisíveis, teatrais todos, enquanto abaixo, bem visíveis porém na penumbra baixa, agita-se uma chusma chinesa, diligente e avessa, que quer eliminar a todos do desenho e da vida.

Milton Caniff influenciou muitos desenhistas, pintores e cineastas e até a película *O general morreu ao amanhecer* foi uma imitação confessa do diretor Lewis Milestone. Agora, com este segundo envio, Terry regressa — e derrotam os piratas. O filme ocorre em uma Índia mais sonhada que vista nos anos 30 e já desde seu verdadeiro início (quando o herói, a heroína e o heroizinho se veem obrigados a se salvar como podem de um avião abandonado, usando uma bolsa de borracha como salva-vidas, é preciso aplicar o que o poeta Coleridge chamou a suspensão da descrença [às vezes do descrédito] e apertar o cinto do assento da plateia). Aqui em *Indiana Jones,* como anunciou a deleitosa Kate domada, vale tudo!

Ou nem tudo vale. Para Indiana Jones (o filme e seu herói) o sexo nada lhe interessa. Nem sequer o amor amorfo ou a cópula. A única cena vagamente sexual do filme começa por uma tortura alimentícia. Ao contrário da cena do banquete brutalmente sensual de *As aventuras de Tom Jones,* apenas parente de Indiana, Indy tortura a doce Kate Capshaw, mulher que eu não deixaria sozinha na selva, muito menos em um quarto real. A tortura turva consiste em fazê-la crer (depois de uma ceia escatológica cheia de serpentes vivas, sopa de olhos e sobremesa de doce de cérebro de macaco servida no crânio do próprio símio) que a cestinha que Jones traz a seu quarto é menos suculenta que purulenta. Quando por fim Indiana deixa cair em sua boca essa sumarenta maçã que devia falar de amor, não é Agustín Lara o que se ouve, mas sim liras celestiais, harpas, *apples*.

Aqui já faz tempo que teria tido lugar uma tórrida cena de sexo e excesso com James Bond (também livre para menores) e a maçã seria a sobremesa da concórdia e não toda a ceia e cena. É que, segundo parece, o cinema volta a ser decente — e docente. A entrada controlada nos cinemas americanos que lançaram *Indiana Jones* mostra uma afluência recorde, para todos os tempos, de meninos que sabem tudo de sexo mas ignoram a aventura de atravessar uma rua solitária. Como disse faz pouco um desses pais permissivos: "Eu não levo meus filhos para ver essa porcaria", referia-se a *Indiana Jones*. "Mas não posso impedir que escapem furtivamente".

Os filmes de Spielberg (seu nome que dizer montanha de diversão e uma montanha russa é o grande cenário da perseguição final) e os de seu colega George Lucas são a ameaça maior do cinema para a TV aberta desde que se inventou o Cinemascope nos anos 50. Trinta anos mais tarde, *Indiana Jones* é filmado em Cinemascope! *Sic transit*. É o eterno retorno do cinema: a tarde de estreia se tornou nietzcheana:

Volta, volta
Aranhazinha na cancela,
A tecer tua teia.

King Kong que vem do âmbar

É preciso declarar na entrada (do cinema, deste artigo) que *Parque dos dinossauros* é uma obra-prima: do entretenimento, do cinema comercial, do cinema. Disto isto seria bom ver o filme outra vez com uma perspectiva história. Ou pré-histórica?

A película declara vir de um *best-seller* do mesmo título e seu autor, Michael Crichton, escreveu o roteiro. *Parque dos dinossauros* é um livro onde não se criam apenas sáurios. Também há criação do autor e suas páginas estão repletas de conhecimentos científicos adquiridos na maior velocidade. Assim, fala-se rápido de certas teorias novas sobre teses velhas em que os dinossauros não eram répteis mas sim animais de sangue quente: em vez de arrastar-se, andavam sobre duas patas e se moviam em maior velocidade que um elefante. Mas a novela resulta num desses livros com que deparamos em um aeroporto e sua leitura dura o tempo da viagem. Todos são narrados num estilo intercambiável e são pílulas de amnésia: são feitos para esquecer.

Parque dos dinossauros, o filme, é outra coisa — mas vem visivelmente de *King Kong*, um dos filmes mais fascinantes, inesquecíveis e belos da história do cinema. É também, junto com o conto "Os assassinatos da Rua Morgue", de Edgar Allan Poe, criador do mito de um animal poderoso e próximo ao homem que vem da selva para povoar os pesadelos de uma grande cidade. Mas e de onde vem King Kong? De um antecedente que jamais aconteceu.

Creation, em que o animador se converte em Deus para animar outro Adão e outra Eva em uma nova versão do Gênese, foi o filme que nunca aconteceu. O pretenso criador deste épico da animação, Willis O'Brien, nunca pôde realizá-lo, porém fez algo melhor: foi o criador de um boneco animado de apenas meio metro que se transformava num gigante atroz — o maior símio jamais visto (e ouvido), King Kong! A criação de *Creation* era tão ambiciosa (e tão influente) que Walt Disney pediu emprestada a O'Brien sua história do mundo antes da Criação: a visualização com sáurios, dinossauros e pterodáctilos de *A sagração da primavera* ou Igor Stravinski animado em *Fantasia*. Agora *Parque dos dinossauros* vem de *Creation*, de *King Kong* e de Disney. O gênese, curiosamente, teve lugar na África, onde Merian C. Cooper (ao qual devemos, junto com Ernest B. Shoedsack, esse pesadelo coletivo que se chamou *King Kong*) estava filmando um documentário e se interessou pelos hábitos do gorila em seu hábitat. Foi ali que "concebeu a ideia de um símio gigantesco com uma inteligência superior que criava o terror em uma cidade moderna". Outra ideia de Cooper era que o enorme gorila lutasse com um sáurio pré-histórico e encontrasse seu último refúgio no topo do arranha-céu mais alto do mundo à época, o Empire State, onde era abatido por aviões — que outra coisa? — de caça.

Todos nós vimos *King Kong*. Até meus netos de cinco e sete anos que odeiam os filmes em preto e branco, que chamam de *grises* e não para descrevê-los. Agora *King Kong* é feito por outros meios e em gloriosas cores.

King Kong habita um parque jurássico com outros monstros ferozes aumentados com acréscimos ou regalia. Embora a visão do gorila que olha pela alta janela de um arranha-céu esteja calcada aqui (e ao mesmo tempo invertida) no olho do sáurio carnívoro que olha pela janela redonda da porta da cozinha em um sótão. As bestas vão, ou vêm, precedidas por uma expectativa crescente, exatamente como em *King Kong*, onde o símio gigante só aparece no final do terceiro rolo. A diferença entre *Parque dos dinossauros* e *King Kong* é que o símio solitário não é uma paixão mas sim o herói e ao mesmo tempo vítima de uma paixão, como ele desmedida. É impossível ver um tiranossauro como outra coisa que não uma máquina de comer carne, implacável e voraz. De fato um tubarão terrestre vindo da mesma idade geológica.

Jacobito, quando tinha cinco anos, disse após ver *King Kong*: "Coitadinho do macaco". O gorila gigante reduzido a macaco o deixara penalizado. Isso, claro, não se pode dizer do tiranossauro que salva os dois meninos (refugiados nada menos que em um museu de ciências naturais) ao devorar os dois sáurios soltos.

King Kong vem e vai ao mito e de passagem à poesia das imagens, às vezes pedidas por empréstimo à iconografia romântica — como a gruta em que mora e se demora desnudando a loura indócil. *Parque dos dinossauros* depende mais de uma concepção do que um conceito, essa paleo-DNA que é pura ficção científica, não do espaço exterior desta vez, mas sim do espaço *anterior*. Mas estou falando do código genético, enquanto a película alude ao Gênesis — como, uma vez mais em *Creation*. Os sáurios saem do sangue, seu sangue, de um mosquito apanhado em fóssil âmbar. (De passagem, devo esta referência a *Horror Movies*, a obra-prima do finado Carlos Clarens, que abandonou sua Havana natal para transformar-se em um dos grandes historiadores do cinema). Daí a presença do Dr. Malcolm (Jeff Goldblum), especialista em teoria do caos, que contradiz o Dr. Hammond (Richard Attenborough), o dono do parque e de sua zoologia atroz. O Dr. Hammond é uma espécie de cientista que se considera Deus, como o rabino Low em Praga, para recriar não o golem, afinal de contas uma figura teológica, mas sim o mundo anterior à Criação e tenta organizar o caos da evolução das espécies não com uma teoria antidarwiniana, mas sim com uma prática nefanda.

Há um momento em que o velho cientista faz uma comparação blasfema de sua criação com um circo de pulgas que viu quando criança em Glasgow. O bom professor quer que seu circo de pulgas nostálgico seja real agora, não uma alusão de uma ilusão. O Dr. Hammond, branca barba e jaleco branco, se lamenta parcialmente em espanhol (o filme se passa numa ilha ao largo da Costa Rica, que a película chama de Ilha Nublar em vez de Ilha Nublada): "*Ai,ai,ai*. Por que não construímos tudo em Orlando?" Que é onde Disney tem seu parque de diversões na Flórida — e isto foi precisamente o que fez Spielberg: um parque de diversões de celuloide e efeitos especiais.

Como ocorre com os mágicos de salão, é impossível saber em *Parque dos dinossauros* como se conseguiu uma ilusão tão perfeita. São maquetes ou construções de ilusionismo? É um ato de animação eletrônica? Ou é animação por *stop-frame*, em que se filmam os quadros com a câmera reduzida a um fotograma de cada vez? Ou usou-se animação por computador? Ou maquilagem criativa? Ou talvez esse *morphing* em que o objeto fotografado se converte em outra coisa ante o olho que observa, emergindo em um movimento que oferece a aparência de uma metamorfose? Todos esses passes de mágica e muitos mais foram empregados em *Parque dos dinossauros* para dar a ilusão de que os dinossauros voltam à vida, de uma maneira maravilhosa. Como quando cantam à luz da lua, num ato poético que teria deleitado o barão Humboldt, novo descobridor da América e amante dos sáurios.

Os personagens que admiram, amam e temem os sáurios são menos verdadeiros que os seres animados por mão de mestre. As deleitosas pernas de Laura Dern, Jeff Goldblum com seus olhos (de sáurio?) antípodas, os óculos invisíveis, visíveis de Attenborough, uma espécie de Papai Noel vestido de *guayabera* e o cigarro perene de Samuel Jackson são apenas mais reais que o velociraptor, o braquiossauro ou o galliminus. Ou o triceratope enfermo que parece um elefante moribundo que não soube encontrar seu cemitério. Todos são ilustrações de uma frase do Dr. Malcolm: "*Life finds a way*" — a vida sempre encontra o caminho. A vida não, o cinema. Esta invenção gloriosa que em cem anos de criação sempre encontrou o caminho da magia, da ilusão e do maravilhoso. De Méliès a esse nosso Méliès, Steven Spielberg.

A CAÇA DO FACSÍMILE

No princípio de *O último chá do general Yen*, essa obra-prima de cinema exótico e erótico de 1932, em que a China não ficava perto mas sim remota e ameaçadora como um planeta Marte amarelo, Frank Capra (talvez o mais americano dos diretores de Hollywood, embora nascido na Sicília) criava uma admirável cena de turbas asiáticas em pânico de formigas ante o fogo e que depois repetiria com maior desespero em *Horizonte perdido*, já convertido no maior autor da arte da fuga. Agora, em *Blade Runner*, a China já está entre nós: a cidade do futuro é a Pequim do passado. É a cidade de todos os anjos caídos: do céu ao inferno. Los Angeles abriga Hollywood, que sempre abrigou Los Angeles. Mas no ano 2019 é uma enorme urbe letal: Los Angeles é Los Angeles Infernales. Na cidade que virá (Los Angeles é uma das cidades mais secas do hemisfério), chove eternamente uma chuva ácida, espessa, quase viscosa: do céu conquistado cai constantemente uma água, como a que assombrou Gordon Pym, que se pode cortar com uma faca e vê-la separar-se em estrias estreitas. Agora essa metrópole é a Meca do futuro, repleta de edifícios de altura vertiginosa, pirâmides que descem do céu a prumo, como a chuva. Mas todas as torres altivas se encontram arruinadas, apodrecidas e abandonadas à erosão, como a babel indigente de cinco continentes e sete mares que se agita abaixo e fala *desesperanto*, impenetrável mescla de inglês, espanhol, chinês, japonês e — surpresa! — o holandês errante, errando ainda mais essa *língua franca* e frenética: dez dialetos que alteram a língua.

Como nas obras de Ray Bradbury, a ficção científica é neste filme uma lição que contorna uma fábula, pérola de cultivo monstruosa que é uma excrescência invertida. Para o ano 2019, ao contrário da China intestina de um século atrás, todo pânico perecerá e Los Angeles, violentando a visão de Capra, será, é, uma cidade repleta e calma que canta na chuva como sob uma ducha de verde-vitríolo. Nas ruas há comércios estanques de alimentos que são o contrário de muitos Mc Donalds: só vendem carnes vegetais, em aparência. Este não é o paraíso de Bernard Shaw ou de Hitler, vegetarianos vigilantes, mas sim um produto da invenção do homem: então o *ersatz* é de *rigor mortis*. Não resta mais nada de carne nem pescado, o planeta transformado em um restaurante ao qual sempre se chega atrasado. Toda a vida animal foi varrida da terra pelo homem e a necessidade é a mãe dessa invenção de Deus que é seu único e derradeiro erro.

Blade Runner é, contudo, a apoteose dessa radiante invenção visual do século XX (o cinema, lembrem-se, foi inventado no século XIX) que é o anúncio lumínico, luminoso, melhor dito. Mas a cidade vive em trevas, mais perto agora do escuro Piranesi do que da alva de Alva Edison. Entre cárceres imaginários e alucinações de ópio do cinema, a única fonte de luz audível vem da paródia. Na trilha sonora, uma voz que recorda um cruzamento telefônico entre Humphrey Bogart e Dick Powell é a de Philip Marlowe, que regressa de entre os mortos para espreitar sua presa, zumbis do futuro, fantasmada.

Los Angeles já não é mais L.A., *lunatic asylum*, asilo de todos os loucos, mas sim uma visão do que virá: *nightmare* do qual despertaremos uma noite. Os mitos já não são o sonho coletivo mas sim o pesadelo de todos. A voz que narra sobre as luzes e a partir das sombras, como na melhor tradição da série negra, é uma voz amiga, segura, confiável. É o som transmitido pelo fio de Ariadne para sairmos do labirinto do passado que se apresenta como único futuro possível. Em *Blade Runner*, graças à paródia, a mais risonha forma de homenagem, a luminosa ficção científica casa com a novela negra e não têm uma fita mulata, mas sim uma charmosa alucinação em glorioso tecnicolor: um pesadelo sem ar condicionado. Nada mais funciona na terra, exceto, claro, a mais prodigiosa tecnologia, capaz de manter colônias ativas em sofisticadas naves espaciais e de fabricar reproduções exatas dessa criatura da qual nunca parece haver o suficiente: *homo erectus*. O mesmo animal que aniquilou todas as bestas da terra e com seus sonhos criou a ficção admirável que conta um conto que nunca devia ter começado. *Ad astra per asperissima!*

Deckard, o protagonista, se chama também Rick, mas não é o dono do Rick's Café Americain durante uma ocupação nazista de uma Casablanca de papelão pintado no Marrocos. Nem veio a Los Angeles pelas águas (nem sequer pela água), mas é um detetive particular do futuro — quer dizer — do passado. Ex-policial, nasceu e viveu e agora agoniza em L.A., *locus abyssus abyssum*. Sua especialidade é a caça do homúnculo, facsímile perfeito desse original que se crê ainda mais perfeito. Rickard é, em uma fase brilhante, um Blade Runner ou rastreador experimentado: um sabujo sofisticado e solitário, que parece mais animal do que homem. Quer dizer, confia em seus instintos enquanto ao redor todos vivem o momento, o *carpe diem* do futuro. No final, Rick Deckard (um Harrison Ford mais maduro que em *Guerra nas estrelas*) demonstrará quem sabe mais: se o velho diabo que fabrica facsímiles e os gasta, ou o jovem que nasceu com o fim dos séculos, o século XX, dupla incógnita. Este século, por sorte, é também inventor de todas as imagens impossíveis e entre elas a mais fascinante, o cinema falado. Para quem como eu detesta a leitura de livros de ficção científica, de Jules Verne a Arthur Clarke, mas se impressiona com a inventiva visual de *Jornada nas estrelas* na TV, com cada película de imagens futuras, desde *Lo que vendrá* até *Estrela negra* e *Corrida silenciosa*, é um convite à viagem. Ou a própria viagem às vezes.

Já era a viagem desde os dias de ira infantil, pura pirraça, por não poder ver na semana seguinte o outro episódio de *Flash Gordon* quando ainda se chamava *Roldan, o temerário* e o planeta Mongo não era uma piada ramoniana. Continuou sendo nesses anos 50 em que se ia à lua como ao próprio mistério cósmico. Ou vinham do espaço exterior arrojando imagens como tecnologia ingênua na cara do espectador: pedradas em terceira dimensão. O foi ainda mais ante o ascético mundo futuro de *2001 — uma odisseia no espaço*, em que o primata mais bruto da África se transformava num símio superior, *homo sapiens*, e o mero homem se trocava em um super-homem, macaco maior ou símio sinistro, com a ajuda de uma laje fúnebre como uma sepultura e os acordes de todo Strauss possível, desde o vienense Johann até o nazista Richard em *Assim falou Zaratustra*. Manes de Nietzsche e filiação que adotou *Blade Runner* neste crepúsculo dos odiosos. De 2001 para cá, a tecnologia avançou até parecer-se com o cinema, forma visível da magia, para deixar para trás todos os mistérios que virão. Aconteça o que acontecer no espaço exterior, a cada dia fica mais óbvio que estamos sozinhos no universo e mais do que uma causa somos o efeito de uma casualidade — ou um jogo de azar. Ou brinquedo de Einstein: bolinhas de barro pensantes.

Agora *Blade Runner*, a mais excitante e perfeita das películas de fantaciência, de fantasia e ciência, desde *2001*, mostra não um futuro promissor mas sim, piorando o presente, um amanhã pior: és pó e terminarás comendo pó. Ou fios de plástico. O que for achado primeiro. O futuro é do mais odioso. Em meio ao entretenimento mais sofisticado, poucos filmes mostraram uma realidade mais espantosa que a morte. Toda a história que *Blade Runner* conta, um conto de fados, desde o título que tem o fascínio do crime americano segundo o cinema, pode ficar contida em uma cápsula terrestre, não para enviar ao futuro, mas para se abrir agora, como o sétimo selo de Alka Seltzer.

Quatro réplicas (e não replicantes como quer o tradutor: ninguém replica a nada: robôs mais perfeitos que o androide: o homem com suas virtudes físicas e mentais centuplicadas, tanto quanto seus defeitos morais), operários exemplares, regressam de um satélite artificial, o signo está perto, para a terra, buscando prolongar sua exígua vida de quatro anos adultos mas irremissíveis. As réplicas condenadas são dois homens (um forte como Atlas, Charles, outro inteligente como Einstein mas sem escrúpulos éticos: sabe que o homem joga as bolinhas de barro com os androides) e duas mulheres belas e brutas: um quarteto pronto e letal armado com a total tecnologia que os criou à imagem do homem, deus menor. Todos não têm mais que um projeto peremptório e uma só ilusão humana, terrivelmente humana: durar, viver um pouco mais ilustrando o verso: "Não mais ouvir chover/ sentir-me vivo". Nada mais Unamuno, nada mais unânime. Mas quando o espectador vê qual é a vida na terra no ano 2019 este afã se torna inumano. Que homem, besta ou sua exata simetria quer deveras viver nesse mundo sob chuva perene, malvada ilustração do verso basco? A terra é agora um inframundo sob uma chuva perene, ácida e aniquiladora: um universo vazio e hostil e ao mesmo tempo atulhado de uma multidão: massa compacta e promíscua que se amontoa sob a água. Viver para não mais ver chover?

Como em toda ficção política que usa a ciência como veículo convincente desde Swift até Orwell, uma viagem ao futuro não é mais que a projeção implacável do presente: a utopia feita distopia, desfeita. Em *Blade Runner* esse porvir já é um hóspede instalado entre nós. Já não é mais preciso visitar Times Square ao entardecer para ver como convive a tecnologia das imagens mais inventiva, desde Disney nos anúncios de néon controlados por computadores de animação, com o *escualor* mais inumano. Ou é mais humano? É, como prevenia Ortega, uma convivência democrática: a revulsão das massas. Mas sua única solução agora não é um sistema sutil mas sim brutalmente autoritário. Em *Blade Runner* ambos os mundos formam um universo hostil e depravado, representado por esse parquímetro automático que, como castigo capital a uma contravenção menor, executa *ipso facto* o motorista incauto que ignorou (ou talvez esqueceu) as instruções para estacionar. O guarda de trânsito é ao mesmo tempo juiz e verdugo. Que lhe sirva de lição! A lei é letal, total.

No final, quando o Blade Runner melhor caça a réplica maior, que morre (quer dizer, é destruído) lutando por viver uma vida invisível, pode alguém terminar esta visão e o século que a tornou possível com as palavras de um bárbaro refinado (e portanto cruel), esse senhor da guerra, o general Yen. Quando Barbara Stanwyck o acusa de que seu carro em velocidade acaba de atropelar e matar seu pobre carregador, o general, como um mago manchu, saca da larga manga de sua bata mandarim um lenço de fina seda para replicar cortês, cortesão, cartesiano, à compassiva missionária americana, em chinês ao mesmo tempo impecável e implacável: "Se o seu carregador está morto, senhora, é então um homem afortunado. A vida, em seu melhor momento, é apenas tolerável".

Mas *Blade Runner* termina à maneira americana em uma otimista luminosidade imprevista porém ansiada: a da aberta natureza plácida de uma pradaria do sonho. O livro porém acaba na natureza criada pelo homem — ateia, inumana. Duas mulheres educadas têm um intercâmbio telefônico (não há por que imaginar o aparelho: a conversa é suficiente) que é fruto do futuro: "Quero meio quilo de moscas artificiais, por favor. Mas que voem e façam zumbido", diz uma. A outra replica: "É para uma tartaruga elétrica, senhora?".

    É claro que prefiro o filme, não só porque tem Harrison Ford, agora um Houdini da época, mestre da arte da escapada, e esses efeitos especiais (antes eram defeitos espaciais) que o inundam de luz como de chuva em uma cascata luminosa. Mas também porque está nele a doce beleza anacrônica de Sean Young, a *fanciulla* do Oeste do ano 2019 que aparece vestida como Joan Crawford em seu apogeu. Ou já era perigeu? Ela é, graças à tecnologia do cinema, um facsímile redimível: modelito para amar. É ela que forma o filme do futuro. Ali onde, como queria Oscar Wilde, as flores serão estranhas e de sutil perfume, onde todas as coisas serão perfeitas e peçonhentas.

"The Lynch Mob"

Um certo capitão Lynch, infame, criou uma espécie de lei de fuga na qual os réus eram condenados sem outro julgamento que não o extremo prejulgamento de Charles Lynch, que organizava partidas de caça humana no verão e em qualquer outra estação. Os linchamentos (a palavra foi até dicionarizada) ou justiça violenta aplicada por Lynch e seus seguidores, chamados de *Lynch mobs* e depois *lynching mobs*, começaram na Virgínia, porém se estenderam por todas as partes da União e suas vítimas eram sempre negros. Hoje a prática desapareceu dos Estados Unidos mas permanece em uso na Libéria, onde o negro é o pior inimigo do negro.

Existe toda uma literatura do linchamento, de Erskine Caldwell a William Faulkner, os quais solucionam seus problemas de trama com uma corda e uma árvore. Faulkner tem vários contos em que a turba lincha, e uma novela, *Luz de agosto*, em que se castra e se lincha um negro com uma arma branca. Um filme memorável, *Consciências mortas*, contém um linchamento central que condena a prática mas relata o processo com elã mordaz. Agora uma *Lynch mob* é essa multidão que se acotovela nas portas do cinema que exibe um novo filme de David Lynch. Para algumas almas brancas que não podem distinguir entre a violência dentro do cinema e aquela que ocorre fora, essas turbas turbulentas não anunciam nada de novo. Mas a violência na tela tampouco é nova. Já no primeiro filme de argumento, *O grande roubo do trem*, um meliante, não contente em matar seus semelhantes em sombras, aponta sua arma para o público e dispara à queima-roupa, no que é o primeiro *close-up* dramático. Pareceria que Lynch, por persona interposta, dispara no público em cada *close-up*.

Eraserhead é o primeiro filme em longa-metragem de Lynch. *Eraserhead* por certo é um título que nunca deve ser traduzido, ainda que admita a explicação. Primeiro é preciso dizer o que não é. *Eraserhead* não é Erewhon, que quer dizer em nenhum lugar ao contrário: uma utopia que como todas se converte em distopia. Etiópia, por exemplo, é Abissínia convertida em utopia. Em Erewhon os criminosos vão ao médico e os enfermos vão para a cadeia, o que a transforma em uma novela realista. Este castigo do inocente, tão contemporâneo, é o tema (ou o *leitmotiv*) de Lynch em *Eraserhead*.

"A Academia Francesa reportou em 1752 que um francês com o nome nada francês de Magallanes propôs o uso da borracha para substituir os miolos de pão usados para apagar os traços do chumbo, que se usava em vez do grafite para a ponta dos lápis. Magallanes acrescentou ao parecer que assim os escolares famintos deixariam de comer o miolo de pão. (O que não impediu que escolares bem alimentados comessem a borracha). Um químico inglês tem o duvidoso crédito de ter usado o termo "borrador" (*rubler*) para a borracha que se usava desde 1770 para apagar o indesejável. A borracha moderna é essencialmente uma mescla de óleos vegetais vulcanizados e pedra-pome fina e enxofre, tudo bem misturado com borracha a temperaturas tropicais. Esta mistura é processada e vulcanizada com procedimentos vulgares. A primeira patente para um lápis integral com goma de apagar foi concedida a Joseph Rechendorfer, de Rochester, N.Y., em 1858. Todo lápis que leva uma borracha em sua cabeça deve seu nome à cabeça de Rechendorfer, chamado desde então de "Eraserhead". Mas não parece ter gostado.
College de Pataphysique de France".

No meio de *Eraserhead*, não contente seu herói com o pesadelo real que vive, tem um pesadelo com o que se deu para chamar de avatares. É na realidade o que sofre cada homem que foge de sua mulher, uma odisseia (odiosa seja), e perde literalmente a cabeça. A cabeça é recolhida por um menino, furtivo, que a vende ao que, depois de uma operação mais primitiva do que cibernética, se revela como uma fábrica de lápis. A cabeça de Eraserhead termina em *eraser*. O que afinal não é mais que assumir o apelido pelo todo. O pesadelo real de Eraserhead era mais lateral e mais interessante, com o noivo que foge com sua noiva-mãe. O casal tem um bebê que é um feto e se mostra como um ente que é o cruzamento de um cabra desolada com um extraterrestre intruso. A cabra, o extraterrestre ou lá o que seja dança a noite toda. Até que Eraserhead, sofrido mas farto, mata o bebê apenas cortando com uma tesoura as bandagens que servem de cueiros. O bebê se dissolve no que Edgar Allan Poe chamaria "uma massa pútrida, informe". Ao final Eraserhead não tem fim e como no princípio, to cado por um penteado que é uma torre de cachos, deve sofrer uma sorte pior que a morte. Kafka e companhia (leia-se Beckett) deviam reclamar direitos.

Um incongruente Fats Waller executa ao órgão uma canção popular.

Lynch, delineante antes, enche *Eraserhead* de ruídos de fábricas, apitos, sirenes. Começa com uma rocha lunar e a melancolia de uma jovem que vê chover. Esta jovem, por certo, é Katharine Coulson, a senhora que carrega um galho de árvore para todo lado em *Twin Peaks*. Lynch costuma ser mais fiel a seus atores que a seus espectadores. John Nance, o torturado Eraserhead, aparece em *Duna*, reaparece em *Veludo azul* e volta a aparecer em *Coração selvagem* e, claro, em *Twin Peaks*. Kyle MacLachlan, o herói planetário de *Duna*, com sua assombrosa semelhança com o jovem Tyrone Power, é o herói da vizinhança em *Veludo azul* para reaparecer como o engenhoso agente Cooper ("do FBI") em *Twin Peaks*. Laura Dern, a digna filha do talentoso e espantoso Bruce Dern, é a cândida Alba Sandy em *Veludo azul* e a luxuriante Lula de *Coração selvagem*, enquanto sua mãe, Diane Ladd, é sua mãe na vida real. Em *Coração*, por certo, a Ladd borra a cara de lápis vermelho e com essa máscara grotesca e atroz persegue Sailor, que não é um marinheiro mas sim o marido de sua filha. O creiom de lábios serve para aumentar a sexualidade (perversa) de Isabella Rossellini em *Veludo azul* (em *Coração selvagem*, outra fiel, ela é Perdita Durango, metade puta, metade Frida Kahlo) e define o sexo (anverso, perverso) de Dennis Hopper, o *easy rider* convertido finalmente em farto narco, em algo vil, atroz em *Veludo azul*.

O agente Cooper chega, em *Twin Peaks*, à cena do crime *in medias res publica*, provando e aprovando o café local, elogiando o pastel de framboesas e mesclando em sua pesquisa Sherlock Holmes e o mestre do zen.

As primeiras palavras que se ouvem (e quase as únicas) em *Eraserhead* são: "Are you Henry?". É a noiva de Henry que mal o reconhece. Ela estava na janela e pelo menos chovia, enquanto a única janela de Henry dá para um muro de ladrilhos pretos. Quando a sogra luxuriosa pergunta a Henry, como se não o conhecesse: "O que faz você?", Henry responde como se o seu hiato fosse eterno: "Estou de férias". Talvez, pelo momento, livre do seu aquecedor, que dia e noite irradia não calor e sim sons secos. Henry está impassível, impossível: ninguém pode ser tão bom.

Enquanto a tormenta ruge, o bebê dança.

A reticência, a retina como essência, é a olhada ubíqua de Lynch em um realismo não sujo mas sim asqueroso, onde as possibilidades do horror são insetos impossíveis, larvas, tênias. Os pesadelos do cinema são a realidade de Lynch.

Alguns, o historiador John Kobal entre eles, veem Lynch como o continuador de James Whale, o diretor que com *Frankenstein* (1931) criou praticamente sozinho o cinema de horror. *Frankenstein* deu o nome ao monstro e esqueceu de seu criador, chamado às vezes Victor, outras vezes Henry, mas nunca Prometeu moderno, como queria Mary Shelley. Whale começou onde Lynch terminou, como caricaturista, depois foi cenógrafo. *Frankenstein* e *A noiva de Frankenstein* revelam mão segura para o cenário e, o que é mais importante, para a maquilagem criativa: no monstro, em sua noiva. Sua câmera sempre se move com uma segura fluidez e em suas películas, como nas de Lynch, os monstros da razão criam sonhos. Whale se afogou em sua casa em 1957. Seu sobrenome (Sr. Baleia), em conjunção com uma piscina cheia, produziu não pouca chacota, em seu tempo. Mais significativo é que um filme quase ao final de sua carreira se chamou *O homem da máscara de ferro*.

Será que o tempo dos pintores chegou? Dalí foi uma sentinela perdida, mas David Lynch era um delineador e artista comercial e agora atrás vem, atrapalhando, Kathryn Bigelow, pintora de vanguarda convertida em cineasta e diretora de cinema, cujo *Sem amor* a fez conhecida como uma força nova. Como Dalí, como Lynch, Bigelow cultiva o choque e o horror e a coincidência de um vampiro sobre a defesa de um caminhão por meio de uma cidade do escuro, luminoso Oeste: uma escura pradaria o convida.

Lynch é alto, alourado e não se parece nada com Eraserhead e nem com o homem-elefante. Ao apresentar sua última película, *Coração selvagem* (cujo título original, *Wild at Heart*, jamais poderia ser *Wilde in the Heart*), Lynch apareceu vestido de negro aos técnicos e atores que colaboraram em sonhar esse pesadelo na estrada e com sotaque do Meio-Oeste não explica nada exceto que introduz a fita já não azul mas sim escarlate. Não explica sua vida nem sequer sua carreira — que começou com desenhos animados. Da animação à emoção. (Seu primeiro filme animado se chamou *O alfabeto*, a não demasiados anos de 1946, quando nasceu em Montana). Ao final de sua apresentação, Lynch chama seu filme de *"a wild, modern romance"*. Essas três palavras (um romance moderno e selvagem) são aptas para maiores.

A exígua obra de David Lynch repousa sobre duas obras-primas, *Eraserhead* e *Veludo azul*. Foi *Eraserhed*, pela persona interposta de Mel Brooks, que tornou possível *O homem-elefante*, filme bem feito lastreado às vezes pelo evidente tom patético do tema: um monstro que quer, Quasímodo ao rés do chão, fincar raízes no céu. *O homem-elefante* tornou possível que Dino de Laurentis pusesse milhões de pesetas para usufruto, mas nunca uso e desfrute, do jovem diretor a quem o projeto converteu num elefante branco em uma louçaria futura chamada *Duna*, feita de areia movediça. Embora *Duna* pareça um fracasso à primeira vista, resulta divertida em um segundo passe (como dizem em Hollyood), quando as piruetas técnicas já não deslumbram e se pode apreciar o espetáculo de gusanos de mil pés de largura e altos como um arranha-céu que padecem de tormentas elétricas em sua boca aberta. Lynch já havia feito experiências *in vitro* com gusanos em *Eraserhead*, mas eram detestáveis em seu tamanho natural. *Duna* nunca foi de ouro (pelo contrário, o filme foi um retumbante fracasso comercial), mas De Laurentis (ou sua filha interposta!) financiou a filmagem de *Veludo azul*, que teve de tudo: filme *Cult*, êxito comercial e celebração crítica. *Coração selvagem* ganhou a Palma de Ouro no Festival de Cannes e foi acolhido com estrépito pelos espectadores jovens — e afrontado pelos críticos já não tão jovens: seu selvagem erotismo e sua violência são implacáveis, impecáveis. *Coração selvagem* ganhou um X (cotação hoje só concedida para o pornô da pesada), mas a eliminação de um cérebro que rola pelo chão fora de seu crânio e uma fornicação tornada menos explícita pela exclusão de um ou dois fotogramas de um púbis ululante rebaixaram a infame cotação para um R. *Coração selvagem* não é uma obra-prima, longe disso, mas é um filme que abre o apetite às emoções mais imediatas. Isso é chamado de estimulante. Como em *Duna*, uma segunda visão, passado o alarido desta crônica de corações solidários, é um espetáculo tão lírico quanto ver meia dúzia de elefantes dançando uma polca num circo: o *show* público não é menos elementar nem menos milagroso. Deve-se prevenir que Laura Dern, a amante que arde eternamente como a chama no túmulo de um soldado (seu usufrutuário, Nicholas Cage, se chama Sailor s.o.a.), sobrevive à batalha dos sexos. Talvez seja de alguma ajuda se for dito que Sailor está obcecado com Elvis Presley. Com sua música, com sua musa.

O filme *O que os pais desconhecem* veste uma probabilidade parecida: dois adolescentes se veem às voltas com uma gravidez ilegítima enquanto se divertem, mas não se divertem. Aparentemente a ideia de *Eraserhead* (que levou seis anos para ser completado entre longos compassos de espera: Lynch trabalhou como encanador, carpinteiro, como especialista em radiadores para poder produzi-lo) veio a Lynch de uma gravidez acidental. Quero crer em outra possibilidade: Lynch fez seu filme negro (é toda a cor visível) depois de Kafka, vindo de Poe e seus poemas macabros, seus contos de horror, de pesadelo e de morte. (O próprio Lynch confessa que um único roteiro teria a forma de um poema.) A estética de Lynch, aqui e em todos as partes, é uma forma nova do velho gótico americano e chega a nossos dias através dos escritores sulistas. Todos são herdeiros do esquecido Charles Brockden Brown (1771-1810) e seus "complexos contos de horror e de intriga", às vezes com cenários tão atrozes como uma Filadélfia assolada pela peste. Brown também, depois de um fluxo de ficção, entrou nos negócios, como John Franklin Bardin, mas também como Lynch. Todos, claro, vêm de E.T.A. Hoffmann, músico e contista, criador de "O violino de Cremona", que fascinou Poe, e protagonista de "Os contos de Hoffmann", que gerou Offenbach que gerou Michael Powell e que gerou a noção do horror como expressão nos românticos febris, de Mary Shelley a James Whale e a, surpresa!, David Lynch e sua patrulha do crepúsculo.

Assim escreveu Poe de M. Valdemar, seu personagem de experiências que se podem chamar de vivificação: "De toda sua carcaça e no espaço de um minuto ou talvez menos — se encolheu, se desfez e apodreceu em minhas mãos!" Antes, pouco antes, Poe poetiza com mão de mestre: "Sobre a cama e diante dos olhos de toda a companhia jazia a massa líquida de uma atroz — de detestável podridão". Leia-se em vez de "sobre a cama" diante de um lençol e substitua-se "diante dos olhos de toda a companhia" por diante de um público e terá uma sessão de *horror movies*. A proliferação de filmes de horror em nossos tempos é um sintoma a mais de que o cinema se Poetizou. Ou, como diria Poe falando latim com sotaque sulista, *in extremis*.

Os lábios pintados de vermelho chamejante de Temple Drake em *Santuário* se dobram, se desdobram nos lábios carmesim de Dorothy Valens em *Veludo azul*. Há mais de um grande plano destes lábios tumefatos untados da cor do desejo.

Malraux opinou que *Santuário* é a intrusão da tragédia grega no campo (de milho?) da novela policial. *Veludo azul* é a intrusão da canção *pop* (inocente, edulcorada) na tragédia grega, embora o herói seja premiado por sua virtude. Não destruído. Chamam Popeye de Mr. Death, mas pior é Frank Booth. Esse Mr. Evil, senhor do mal moral. Há uma relação sexual entre Popeye e Frank Booth: ambos violam suas amantes com outros instrumentos que não o pênis. Popeye com uma espiga (chamada justamente espata) de milho. Booth com seu punho nu. Temple porém absolve Popeye de toda culpa. O gângster é também aquele impotente que lhe produziu uma grande gratificação sexual com um consolador vegetal.

Elaborando o suposto poeiano (para não dizer poético) da beleza da melancolia, tão cara aos românticos, *Veludo azul* situa-se em um mundo crepuscular.

Nicholas Cage, comentando sobre seu personagem em *Coração selvagem*, um mal selvagem, depois de matar a golpes de parede e de piso, declara: *"That may be extreme!"* É extremoso. Mas acrescenta: "Essa ação extrema vem do amor".

A aura surreal (Dalí, Ernst, Magritte) é uma claridade. Na atmosfera expressionista (Lang, Siodmak, Hitchcock) há um predomínio do claro-escuro. Piranesi com seus *Carceri* e Fuseli com seu "Pesadelo" contribuem notavelmente para a opressão da arquitetura e uma sensualidade sinistra que fazem de *Eraserhead* um pesadelo do qual não se costuma despertar, entre outras razões porque há também presente uma ameaça erótica.

Mas o próprio Poe objetava: "Há certos temas nos quais o interesse é absorvente, mas eles resultam inteiramente horríveis ao propósito de toda ficção legítima." Êxtase ou *stasis* — essa é a questão. *Stasis* na emoção, caos em movimento. O êxtase é sempre lânguido.

Os duros não se deitam no divã, para alívio de Freud, que só admitia pacientes suaves: uma neurótica vienense, um cavalheiro judeu de posses, uma donzela deliciosa. Agora a desnuda Dorothy escolhe o divã momentâneo para seduzir o imberbe Jeffrey, *voyeur* a contragosto. Pode até fechar os olhos para não ver como o brutalmente franco Frank se animava para o coito gritando a palavra grosseira em todas as suas tessituras. Enquanto Dorothy, com apenas uma bata de pano azul sobre suas carnes facilmente amorais para se converterem em moradas, se deixava penetrar por um punho quase comunista em sua ereção e deixar para ele o grito (de triunfo, de impotência?) e ela não dizer essa boca é minha. Frank, como Edgar Poe, sobre o sofá e ante os olhos do público (o cinema transformou a nós todos em Charles Voyeurs), vê como jazia ali uma carne lúcida de detestável podridão moral. A emissão de Frank é a missão de Jeffrey. Resistente ele à tentação, digna de um Santo Antônio americano, de ver, de ter Dorothy desnuda já não no sofá, mas em cama macia, enquanto ela grita: "Me pega, me pega!", como se fosse um bálsamo de Sêneca: estoica estou. (Este caminho de toda isca foi percorrido também por Pedro Almodóvar em *Ata-me!* Só que agora não é Poe, mas sim John Fowles visto por William Wyler em *O colecionador*.) Dalí (mais que Buñuel: todos sabemos de onde vem o poder visual de *Um cão andaluz*) é o mestre mais remoto, terremoto. Se Lynch não o conhece, qualquer espectador o reconhece: não é preciso ter uma grande cultura cinemática para saber que Dalí, nesse estranho interlúdio, foi mais longe do que Lautréamont e suas "alucinações servidas pela vontade". Reduzidas então a um guarda-chuva e uma máquina de costura sobre uma mesa cirúrgica, agora ampliadas por alucinações involuntárias tornadas, graças ao cinema, imagens inimagináveis, como o burro pútrido sobre um piano de cauda e o olho (do espectador castigado por seu voyeurismo?) cortado em dois por uma navalha. Depois de Dalí, sem dúvida, o dilúvio de imagens impossíveis. Buñuel, por seu turno, não fez mais que mexicanizar essa audácia. Com mais senso de humor que de amor, Buñuel pôde, porém, ajudar a surrealizar o cinema. Lynch em *Eraserhead* é mais Dalí que Buñuel, mas em seus filmes posteriores existe algo do *eros* de Buñuel, embora não do seu *ethos*, que resulta arcaico — se é que a moral envelhece.

Como nosso Popeye em *Santuário* todo sadismo é terrível. Frank Booth e sua ira colossal (de ciclope, de animal com um olho) não são mais que máscaras de sua perversão sexual. O sadismo é uma manifestação do masoquismo. O sádico é um *felo de se* que se ignora. Mas Frank *("The name's Booth!")* põe a máscara de lado para pintar os lábios e beijar Jeffrey ferozmente. Avozinha, que lábios vermelhos você tem! É para te beijar melhor. Finalmente o acaricia por sobre a roupa, enquanto Jeffrey está atado pelas mãos cúmplices de seus *par ci, par là* aí ao lado. Como quando Frank viola Dorothy com seu punho em um *fist fucking* heterossexual, o sádico tem as mãos manchadas. "O horror que escrevo", assinalou Poe, "não é o horror da Alemanha, é o horror da alma".

Tudo que é verde em espanhol é azul em inglês. Azul como os sapatos de antes de antes, os que calçou Elvis Presley, enquanto uma voz descarnada canta ao veludo certo azul. *Out of the blue velvet* tem uma canção e uma atitude. Todo verdor perecerá, mas todo azul também.

Barba Azul é o franco Frank, gângster, falsário, viciado em oxigênio (sua máscara é sua barba) ou talvez no éter que sabe doce, que não dói, que preenche todo o vazio espectral, que para os gregos era esse céu — como não? — azul. O álcool pode se transformar em éter. Também Ester. Os olhos verdes são azuis em inglês. *Blue bottle* é uma mosca verde e também essas belas flores azuis que crescem no mesmo caminho, e azul é a relva verde de Kentucky. Mas a lua quase nunca é azul. Verde que te quero verde nunca se traduz por *blue I want you blue*, talvez porque um *blue* é uma cor entre carmim e azul. Um lápis azul e não um lápis-lazúli serve como censor. Enquanto que a *blue note* é a *nota bene* do *jazz* e não do *blues*. A vela azul é a senha para deixar o porto. Conto verde, velho verde que vai ver *blue movies* e debaixo do casaco leva seu punhal. Do mal.

À parte do tênue tema que começa com a frase ritual de todo mistério policial (Quem matou Laura Palmer?), a lei de Lynch se aplica também à televisão. Há um momento em *Twin Peaks* que é exemplar e mágico apesar de ser um tanto cotidiano. O agente Cooper ("Do FBI") tem um sonho que como todos os sonhos de Lynch continua em um pesadelo incoercível. Laura a morta, como em *Laura*, visita o policial Cooper. Não aparece horrível, como muitos sonhos do cinema, mas sim bela sensual e tagarela. Mas fala um jargão que necessita de legendas: é o inglês dos sonhos que volta a soar como um idioma nórdico. Laura se apresenta bela, mas vem acompanhada de um estranho anão vestido de maneira berrante. O anão também fala um inglês arcaico, que não é mais do que o inglês como o escrevia Chaucer. De imediato se levanta não para agredir Cooper (o FBI sempre inspira respeito), mas sim para bailar uma dança demente sobre um solo adornado com figuras de uma rara simetria. Sua dança, rítmica e lenta, é obsessiva e Cooper, apesar do FBI (o anão é obviamente um delinquente), admira esta graça disforme. Mais que todos os possíveis avatares de Laura, mais que o intrincado mistério visível, o mistério oculto desse sonho é memorável.

Lynch se considera homem de hábito e seu orgulho é quase conventual, de homem que prefere o negro e o roxo mais que a vestimenta de cores habitual em Hollywood, enquanto desenha uma tira cômica diária (a força do hábito) para um periódico local sobre um cachorro imóvel assumindo a firmeza do cartum não animado. É a história do cachorro mais triste do mundo, talvez porque está afligido por uma metafísica expressada nos balões — a única coisa que muda.

Veludo azul começa com uma natureza viva: três rosas vermelhas recortadas contra uma cerca de madeira branca na qual cada talisca termina em uma flecha aguçada. Logo aparece o *robin* (um pintarroxo americano) que será também o logotipo de *Peaks* e termina com a ordem cruel da natureza morta: o *robin* tem agora um inseto se agitando em seu bico.

Veludo azul é a vida, paixão e morte de Frank Booth, o sádico do sábado. *Coração selvagem* é a fuga das vozes do amor, do desejo e da morte. Se Faulkner, como disse Nabokov, não é mais que um Victor Hugo no Deep South, onde Esmeralda se casa com pai Tomás e todos vivem infelizes pelo duplo racismo (jovem cigana ama preto velho), *Coração selvagem* é uma espécie de *Luz de agosto* em que Joe Christmas não parece húngaro, mas é sim italiano e sua violência tem a febre funesta da Máfia. David Lynch, é preciso dizer de uma vez por todas, é o Faulkner dos anos 90: *Gothic horror, horror show*, que se pronuncia, como em russo, "rarachô" — tudo está bem porque bem termina.

Mulheres que filmam

Um diretor de cinema não é mais que um obstinado a quem permitem dirigir um filme. Ao contrário de uma orquestra ou do teatro, o ofício de diretor não existia quando se inventou o cinema. É óbvio, me parece, que os diretores vieram depois. Na Europa dos anos 50 a *politique des auteurs* se tornou com Truffaut, Godard *et al* a *politique des amateurs*. Mas em Hollywood, a meca de todo profissional, muitos diretores não nasceram para o ofício. O próprio Orson Welles, que parece o diretor de cinema por antonomásia, a princípio pensava na ópera, no teatro ou no rádio, antes de pensar em cinema. Welles foi o diretor de fábula a quem deixaram fazer *Cidadão Kane*: sozinho, de seu jeito e maneira. (O escândalo veio depois.) Mas seu segundo filme, *Soberba*, foi magnífico, mas não para Welles, que sempre se queixou de que o estúdio (a RKO, a mesma companhia que lhe concedeu antes todas as licenças) se apropriou de sua obra, a traduziu mais do que a montou e alguém lhe acrescentou um final que não era o seu. Se assim vão os homens, assim vão todas.

As mulheres. Há duas mulheres que são diretoras de cinema exemplares. Uma é a autoritária Dorothy Arzner, que adotou a melhor vestimenta e os piores costumes (no *set*) dos homens. A outra é a doce e perigosa Leni Riefenstahl. Miss Arzner (como insistia que a chamassem: isso foi antes da odiosa introdução da forma Ms, como agora insistem as novas feministas) chegou a dirigir por um tortuoso caminho que começou como montadora das cenas de touros de *Sangue e areia* (1922). Depois de ser escritora, assistente de direção e amiga dos diretores que iam ao café de seu pai no Hollywood Boulevard, onde era essa risonha garçonete amável antes de ser essa diretora dura como um diretor. *Fraulein* Riefensthal era a acolhedora e bela bailarina de formas graciosas que chamaram a atenção do Dr. Goebbels, bom conhecedor.

Através de Goebbels chegou a Hitler, o fascinador fascinado, e assim foi que conseguiu dirigir duas obras-primas do documental e da propaganda política. *O triunfo da vontade (1935)* e *Olímpia (1938)* foram uma fervilhante exaltação do macho ariano e do nazismo. Ao contrário de Arzner, Riefensthal era uma fanática heterossexual. Sua carreira foi mais brilhante, porém mais desastrosa que da apagada Arzner, que só tem um triunfo maior em uma obra menor, *A vida é uma dança*. Riefensthal pagou por sua devoção ao belo Adolf, depois da queda de Berlim, com dois anos de prisão, a desnazificação parcial e a cabeça totalmente raspada não por causa de piolhos, mas sim pelos parasitos políticos no seu interior.

As diretoras atuais têm tudo mais garantido. Quando rodam um filme sabem que suas cabeças não vão rolar. Sabem que escolhem uma carreira que pode terminar na obscuridade de Arzner, mas nunca acabarão fazendo penitência entre os negros da África como Riefensthal, que purgou assim seu culto original ao louro de olhos azuis exaltado por ela e o nazismo. (A segunda parte de *Olímpia* se chamou de fato *Festival da beleza*.) Uma das mulheres a quem permitem (o estúdio, os produtores, a política dos autores políticos) dirigir agora é esta extraordinária Kathryn Bigelow, uma mulher formidável em mais de um aspecto.

Bigelow, que tal como Dorothy Arzner não gosta de ser chamada de diretora (terá que se dizer então *a* diretor), vem não do teatro nem da literatura e não é uma técnica como Arzner, mas tal como Riefensthal domina qualquer *set* com sua simples presença: ela é bela como uma atriz e alta como um ator (tem 1,80m). Sua autoridade vem além disso de uma considerável capacidade intelectual (dizem que seu QI é tão alto quanto ela) num mundo em que o intelecto compensa menos do que o crime. É óbvio que tem na tela um olho certeiro. Bigelow era uma pintora elitista em Nova York antes de derivar para o cinema amador e chegar finalmente a Hollywood com 20:20 de visão plástica. Também a ajuda, no mundo da imagem, sua estupenda beleza morena, fotogênica mesmo detrás da câmera. É mais bela, em fotografia e na televisão, do que algumas atrizes que dirigiu, como Jamie Lee Curtis ou Lori Petty. Já chamaram a Bigelow de todos os nomes possíveis na nomenclatura do cinema: *action woman, macho woman, muy macha!* Não a chamaram de virago, porque não nasceu em Chicago. E, sobretudo por seu aspecto decididamente feminino: com olhos que Alfred Hitchcock nunca teve.

"Tendo a não tentar dignificar minha profissão por seu gênero", diz ela. A declaração é equívoca, já que no cinema gênero não significa exatamente roupa. "Eu me vejo como cineasta, é isso aí. Se as pessoas querem me ver como uma novidade, problema delas." Não há problema deste lado da tela. A Bigelow, que deixou para trás todas as suas congêneres (Susan Seidelman, Penny Marshall, Gilian Armstrong: diretoras do momento), faz, dizem, películas que habitualmente só são feitas pelos homens. Casada com o também diretor James Cameron (famoso por seu cinema de violência fantástica, como os dois *O exterminador*), se sua cama treme de noite não é de medo, é um efeito especial. Interrogada vez por outra sobre sua visão violenta e seu sexo, Bigelow responde (ela sempre responde: vê-se que é uma mulher) com extrema seriedade ante um extremo preconceito: "Claro que há desigualdade (para as mulheres) detrás da câmera. Não é que as mulheres não possam fazer cinema, mas sim que muita gente acha que não podem." (Incluídas entre "gente" não poucas mulheres.) Bigelow, com quatro fitas admiráveis nos seus oito anos de Hollywood, prova que pelo menos ela pode.

Seu primeiro filme, *Sem amor*, embora dividindo créditos pela direção, tem sem dúvida sua visão coerente, visualmente impecável. Seu herói sem amor é um rebelde sem causa, mas com motocicleta, típico personagem dos anos 50. Encarnado sobre sua moto que é o motim de um só pelo sempre excelente Willem Dafoe (o cinema moderno detesta sua imagem de vilão violento: o Bobby Perú que segue seu *Sendero luminoso* em *Coração selvagem* até violar a lei de Lynch), marcado com um cromo que ilustra um ritmo de *rock*. Tomando Marlon Brando como ponto de partida em *O selvagem*, Bigelow não deixa que seu herói/anti-herói diga frases prenhes de sentido até esclarecer (como no intercâmbio penoso de Senhora: "Mas contra quê se rebela." e Brando: "Diga-me o que tem") é a rebelião existencial, para ele que só existe sua moto como meta em qualquer ponto de uma estrada que leva até o nada.

Seu anjo caindo, o próprio Dafoe deita com uma menina *punk avant la lettre* que deixa suicidar-se sozinha, depois de ela matar seu pai incestuoso, diante de seus olhos, com a mesma indiferença com que viu seu corpo púbere na cama. Mas a ética de *Sem amor* não é o que vale, e sim sua estética. Todo o filme está construído por um Moebius pintor com um quadro vivo em cada fotograma e sua visão (não sua missão: as missões que fiquem para os jesuítas, sempre em posição de missionários) da vida é uma beleza que a violência não amortalha. Bigelow vem da pintura e ainda tem o olho demorado de um pintor: cada quadro de suas películas tem um desenho seu prévio. É assombroso, porém, que fosse uma pintura abstrata quando suas visões, tão móveis, animam a concreta coreografia de uma dança da morte pela música. Poucos filmes dos anos 80 são tão belos e amorais como *Sem amor*. É uma lição perfeita de filosofia existencial em que a letra entra com sangue pelos olhos. Camus estaria de acordo.

Quando chega a escuridão, seu filme seguinte, é também uma peça de gênero (em Hollywood hoje não há mais que gênero e vazio), mas de um gênero insuspeitado para Bigelow, que se mostra deveras capaz de fazer tudo sobre o lençol branco do cinema. É uma fita de vampiros e ao mesmo tempo sua versão de mito de Orfeu nos infernos que sai em busca de Eurídice Smith. Agora os não mortos são vagabundos sujos e rudes disfarçados de anarquistas ao ar livre da noite americana: uma escura pradaria os convida. Ainda são imortais (os que não podem morrer), mas, em vez de condenados condes húngaros ou exímios exilados romenos (como o ingênuo húngaro ungido de *A volta de Drácula* [1958], que vem para a América, emigrado emaciado, protegido pelo lúcido *larvatus prodeo* de seu tênue disfarce: não uma troca de sexo, mas de nome e se chama agora *Alucard*, Drácula no espelho que o delata) são ratos do deserto da morte.

Como todos os filmes de Bigelow, *Quando chega a escuridão* é um quadro que sangra. Mas o sangue do cinema, sabe disso até o fã fetal, não é mais que molho de tomate e, no caso de Bigelow, pura pintura vermelha. Embora como filme de terror seja espantosamente eficaz, jogando com os elementos convencionais (vampiros só destruídos pela luz do dia, vampiras mais letais quanto mais inocentes, a morte exangue) entre carros, rede de rádios e caminhos que levam a uma encruzilhada fatal.

Em *jogo perverso (Blue Steel)* o aço azul do título em inglês se refere ao azul-escuro das armas para preservá-las, como dizia Otelo, irônico, "da urina da noite". Este é, até agora, o único filme feminista de Bigelow, embora anuncie uma ameaçadora donzela: *Joana d'Arc*. Aqui a masculina Curtis que tem um corpo que, quando descoberto, delata sua feminilidade, é uma recruta da polícia, orgulhosa de sê-lo, que entra em contato violento (ao que parece para Bigelow não há outro tipo de contato possível entre os sexos que não a violência) com um psicopata, espécie de neonazista que pratica o arriscado jogo da bolsa ou a vida das ações que sobem e baixam. A recruta, como todas as heroínas de Bigelow, pode usar o cabelo curto ou longo, mas não tem nada de idiota. Esse é seu lema, sua tradição: as mulheres são sempre as mais inteligentes. A nossa policial se dá conta de que tem por amante um assassino absurdo, mais perigoso por ser gratuito. No final Curtis mata o *murderer* mas se esquece, culpa de Bigelow, de que um policial não é mais que um agente da lei, nunca o fiscal, o jurado ou o juiz e muito menos o verdugo. Curtis não prende o culpado, mas sim o julga, o condena e o executa diante da câmera impassível. O público, por sua vez, comemora.

O extraordinário neste filme é como Bigelow mostra a panóplia das armas com grandes planos em que um enorme revólver regulamentar e uma gigantesca pistola ilegal combatem entre os reflexos do aço e a dimensão das armas com o perigoso azul-escuro que dá ao asséptico azul a sua ostentação letal.

Caçadores de emoção (o título em inglês, *Point Break*, é uma expressão do surfe, o esporte da navegação sobre a crista de uma onda visto como arte) é uma película de gênero também. Mas Bigelow não está interessada desta vez no gênero, mas sim, como em *Jogo perverso*, no caráter de seus personagens. Ou nas falhas de seu caráter, fissuras que podem originar a catástrofe emocional. É a emoção cinética que moveu os Beach Boys e comoveu os fanáticos da *surf music* nos anos 60. Sua emoção é mais nova e mais estável.

A fita repousa sobre três sequências magistrais (embora o roteiro seja o pior já feito por Bigelow) e na emoção pelo movimento. Frente ao oceano, e ao mar de Magalhães, com sua câmera registrando as voltas de uma onda gigantesca, seu ruído, seu rugido de espuma, da maneira envolvente que permite agora o sistema Dolby, som total. Uma dupla sequência aérea com os ginetes do mar convertidos em navegantes do ar em queda livre. Outra ainda é uma das mais originais perseguições com caçada humana que já se fez no cinema (e fizeram muitas), usando até o limite as possibilidades da Steadycam, a câmera ubíqua. As sequências de surfe são de uma beleza espantosa, mas esta sinfonia do mar (termina com uma magna, magnífica tempestade cíclica que supostamente ocorre no Pacífico austral, do outro lado do oceano, a cada cem anos) tem não só que ser ouvida como também vista.

Das três sequências de movimento perpétuo a que parece mais fácil é a mais difícil, com a longa caçada de um dos quatro assaltantes de banco que chamam a si mesmos de os ex-presidentes e que usam máscaras com as caricaturas de Reagan, Carter, Nixon e Johnson. O chefe, "Reagan", que o agente do FBI persegue com sanha democrata por ruas, becos, calçadas, solares ermos ou habitados, através de casas, pátios e jardins e sobre múltiplas cercas (de madeira, de metal, de cimento) que transformam a longa sequência impecável em uma corrida dos obstáculos mais previsíveis, porém inusitados fora de um estádio olímpico: a maratona da morte.

Bigelow, como Ludy Macbeth, não tem sexo, e ainda que contasse com a ajuda de seu marido (que já deixou de sê-lo) e companheiro Cameron, mestre de efeitos especiais, este filme, em si, não tem efeitos especiais. A câmera nos deixa ver que o agente secreto (Keanu Reeves, espécie de Gregory Peck das ilhas) viaja sobre as ondas tão mal quanto sobre uma prancha de surfe e o anarquista que se torna, se descobre (chamado Bodhi: em sânscrito, "iluminação") assassino, Patrick Swayze (o fantasma de *Ghost — do outro lado da vida*), especialista em metamorfoses baratas, é seu próprio dublê no mar e no ar. Também ainda o é quando recorda seus inícios como bailarino ao dar uns passos alegres de dança enquanto assalta um banco, cabeça de Reagan, pés de Astaire.

Kathryn Bigelow falou da influência que James Cameron teve em sua vida e em sua arte. Também fez alguma confidência sobre "a confluência de vontades", como se Cameron fosse Nietzsche com um visor. Mas não há que exaltar Nietzsche sem diminuir Schopenhauer ao dizer-lhes que Bigelow usa melenas compridas, mas suas idéias, no cinema, são tudo menos curtas. Não é curto seu olho que olha pela objetiva da câmera para fazê-la sempre subjetiva.

Em *Um bonde chamado desejo* Blanche Dubois, patética protagonista, prepara sua própria *mise-en-scène* para ocultar a verdade de sua cara, enquanto atrai e repele o brutal Kowalski, que bebe cerveja na garrafa, arrota e anda de camiseta, sujo e grosseiro. "Não quero realismo", exclama Blanche em sua presença. "Quero magia!" Muitos acreditamos com Kowalski que o realismo é poderoso e político. Ou seja, a expressão literária do machismo. Agora Kathryn Bigelow e as suas nos mostram, demonstram que sempre, em nossas noites Blanche, o que temos desejado no cinema é só magia.

São Quentin Tarantino

O cinema veio do teatro (necessidade de fotografar atores e, desde a invenção do cinefone, de ouvi-los) ou da novela (necessidade do prestígio dos livros). É somente agora que o cinema vem do cinema. Daí a proliferação de *remakes* ou reelaboração do que já foi cinema antes. Foi em 1940, em *Cidadão Kane*, que o cinema parecia vir do teatro e da novela ao mesmo tempo. Mas *Kane*, com tanto ator de prestígio em seu elenco, com um ator eminente embora jovem detrás e diante da câmera, Orson Welles, e com tanto truque e verdade da câmera, manejada por esse gênio da cinematografia que foi Greg Toland, com tanta montagem e ao mesmo tempo a profundidade de visão de uma câmera que era uma testemunha atrevida, era, antes de mais nada, uma película loquaz, eloquente, quase tagarela. O filme podia ser tanto visto quanto ouvido e um crítico inglês, Kenneth Tynan, sugeriu em uma crônica que *Kane* devia ser visto com os olhos fechados! Por quê? Porque, simplesmente, sua arte provinha, em grande parte, do rádio. Welles vinha de Wells (H.G) e do escândalo de sua emissão de *A guerra dos mundos*, com que aterrorizou os Estados Unidos e chocou o próprio Wells. Esse foi o seu bilhete sonoro para entrar em Hollywood pela porta da frente. Se não existisse o rádio, Welles nunca teria sido Orson e não teria podido pronunciar essas palavras ameaçadoras com sua voz cavernosa e cultivada que interrompia uma rumba de salão da orquestra de Ramón Raquello (nome improvável) para dizer: "Interrompemos este programa de música dançante para trazer-lhes um boletim especial." O resto é história do rádio — e pandemônio real.

O rádio depois de Welles (cuja última película feita em Hollywood, uma brutal versão de *Macbeth*, uma peça brutal, era Shakespeare por rádio) manteve sua influência durante toda a década de 1940. Até um *thriller* de Michael Curtiz, o diretor de ação por excelência dos anos 30, *Sem sombra de suspeita*, havia sido oferecido primeiro a Welles e, ante sua negativa, o papel coube a Claude Rains, ator cuja característica melhor era uma voz educada à inglesa. O protagonista, quase não se precisa dizer, era uma personalidade do rádio que se transforma em assassino. Rains fabricava seus álibis pelo rádio e era no rádio que confessava seus crimes.

Os anos 50, com a televisão *ad portas*, obrigou Hollywood a trazer todo o seu novo talento (produtores, atores, diretores) da TV, que ainda residia, com o rádio antes, em Nova York. O Shakespeare então mais à mão era um escritor de TV, Paddy Chayefsky, que tinha nome irlandês e sobrenome judeu como para demonstrar que o sangue de Manhattan corria duas vezes por suas veias. Chayefsky foi o autor do roteiro de vários sucessos à época. *Marty* foi um grande êxito de público e artístico. Seu intérprete, Ernest Effron Borgnine, ganhou um Oscar e muitos prêmios no exterior. Embora tenha fracassado em *Despedida de solteiro* e *Doze homens e uma sentença*, que era pura televisão (tudo se passava no recinto do júri que delibera), Chayefsky foi um êxito artístico e de crítica. Todos os diretores de talento vinham da TV então, mas Hollywood não sabia que eram gregos trazendo presentes. Logo uma emissora de êxito clamoroso instalou seus estúdios — em Hollywood.

Os anos 60 foram de decadência do cinema e auge ainda maior da TV e no final até futuros gênios do cinema, como Steven Spielberg, estavam fazendo televisão ou, como Scorsese e Coppola, em escolas de cinemas e eram produtos da adição à televisão. Foi Spielberg quem produziu sua primeira obra-prima, *Encurralado,* para a televisão.

Os anos 70 foram ruins para o cinema de arte e ainda piores para a indústria. Mas foi nessa época que Coppola desenvolveu (com a ajuda da engenharia eletrônica, imitando Jerry Lewis) o uso da televisão como monitor de uma câmera de cinema na tomada das cenas em produção. Nos anos 80, Woody Allen, que zombava da televisão em suas homenagens constantes a Bergman e Fellini, produziu uma comédia, *A era do rádio,* que era um olhar nostálgico ao rádio de sua infância. É um de seus filmes mais afetuosos.

Agora, nos anos 90, surgiu um diretor que não deve nada ao teatro nem ao rádio. Não é um só, são dois pelo menos: Robert Rodríguez e Quentin Tarantino. Robert Rodríguez (*tex-mex* nascido em Austin, Texas) não só aprendeu tudo da televisão como também do videoteipe, vendo filmes passados pela TV. Tive a estranha honra de apresentar ao público do Festival de Telluride um artista não apenas novo como também extraordinário. A primeira e única película de Robert, *O mariachi*, vinha com um grupo de filmes mexicanos tão ruins que era preciso ter um coração de cinéfilo sério para não rir de tanta tragédia terrível.

O mariachi foi o êxito deste festival dirigido por dois dedicados ao cinema mais esotérico, Tom Luddy e Bill Pence, para onde acorrem todas as estrelas da vizinha Hollywood. O filme de Rodríguez, feito por 7.000 dólares e filmado inteiramente em videoteipe, foi logo convertido para 18 mm e finalmente, já com o logotipo da dama com a tocha da Columbia Pictures, para 35 mm. A última versão foi a que viram os expedicionários de Telluride, entre as montanhas do Colorado. É uma aldeia (de uma só rua) que havia sido primeiro muito rica, depois pobre e por fim quase um povoado fantasma. Onde em sucessivas simetrias se filmaram as primeiras cenas de *Butch Cassidy*. Em seu apogeu o banco local sofreu o primeiro assalto real dos bandoleiros que o cinema imortalizou quase cem anos depois. Robert, como Butch e Sundance Kid, havia encontrado em Telluride a sua bonança: o festival o lançou à fama. Agora filma *O mariachi II* com Antonio Banderas e muitos milhões dessa arca de dinheiro que se chama Hollywood.

Curiosamente, nesse mesmo festival entreguei uma medalha de prata a Harvey Keitel (a quem chamei então de Edward G. Robinson dos anos 90) por haver protagonizado *O tenente corrupto* e — surpresa! — *Cães de aluguel*. Não vi esse filme à época e só vim a conhecer Quentin Tarantino no Festival de Cannes e em um cinema de Londres. Tarantino, agora famoso, conta entre seus *cuates* Robert Rodríguez.

"O crime não compensa" foi um longínquo lema do FBI. A Warner Brothers ia demonstrar justamente o contrário: o crime, pelo menos no cinema, compensa e é muito. O primeiro filme com um tema de gângsteres (sem contar o seminal, porém silencioso *Paixão e sangue* de Von Sternberg: não se podia ouvir ainda o estrondo das armas) foi *Alma no lodo*, curiosamente com Edward G. Robinson encarnando Cesare Bandello, aquele que morria nada poderoso e sim muito patético dizendo: "Minha nossa, é este o fim de Rico?" Desde então a tela se encheu com a fumaça das pistolas com *Scarface, O inimigo público* e *Beco sem saída* até todos os padrinhos e seus numerosos afilhados. Agora o crime também compensa para Quentin Tarantino. Seu primeiro filme, *Cães de aluguel*, é esse gênio que dorme dentro de uma garrafa. Neste caso dentro da tela. Nunca desde *Cidadão Kane*, salvando todas as distâncias dramáticas, a estreia de um diretor foi acolhida com tanto entusiasmo pela crítica. Como Welles, Tarantino escreveu seus roteiros e é intérprete menor de suas duas únicas películas. Tarantino (e talvez aqui resida toda sua originalidade) vem de uma formação cinematográfica feita de videoteipes. Além de *Cães de aluguel* e *Tempo de violência* (que ajudei a premiar com a Palma de Ouro no Festival de Cannes) Tarantino escreveu o roteiro de outro filme de gângsteres, *Amor à queima-roupa*. Mas desta vez havia balas e beijos e, ao contrário dos anteriores, o amor triunfava todo nesta versão de um Virgílio com pistolas excitado pela droga favorita de Hollywood agora que o álcool fica só para os velhos. Essa droga se chama cocaína, mas também champanhe em pó: antes quando se falava em poeira de estrelas aludia-se a uma emanação cósmica. Agora a coca é cósmica e, às vezes, cômica.

A formação de Quentin Tarantino se fez toda no cinema, porém diante da tela. Foi até gerente de um cinema pornô da pesada. Desde então, declara, odiou as cenas eróticas. Não há uma sequer (excetuando-se *Amor à queima-roupa*, que não dirigiu) em suas duas películas. Em *Cães de aluguel* não aparecem mais que duas mulheres rapidamente: uma garçonete astênica e uma senhora num automóvel com uma pistola letal. Esta cena é tão fugaz e faz parte de um *flashback* que é quase a visão retrógada de um sonho — ou de um pesadelo. Há, além disso, em suas películas mais discurso que ação. O que é pouco comum em histórias de gângsteres.

Cães de aluguel começa em um restaurante durante um almoço dos futuros durões. Mas tudo que fazem é discutir incansavelmente sobre se é preciso dar ou não gorjeta! Depois há intermináveis discussões sobre a conveniência de um assalto e, mais tarde, realizado o assalto, sobre se é preciso liquidar um policial ao qual cortaram uma orelha. (Por certo as orelhas, mordidas, cortadas em um jardim — em *Veludo azul* — cortadas em *Cães de aluguel* se tornaram tão cruciais para o cinema americano moderno quanto para Van Gogh. A câmera faz o papel de Gauguin.) As palavras em *Cães de aluguel* e *Tempo de violência* são tão fartas como nas películas de David Mamet, que vêm todas do teatro, e nas que, ao contrário do *dictum* tradicional em Hollywood (o diálogo só serve para fazer avançar a ação), as palavras *são* a ação e é preciso ver as duas únicas películas de Tarantino como alegoria pelas palavras e as más palavras. É, em definitivo, um cinema moral e o próprio Tarantino confessa o seu apego ao finado Código Hays pelo qual Hollywood se regeu durante décadas. Para ele, como para J. Edgar Hoover do FBI, o crime não compensa. Trata-se de chegar a Deus pela blasfêmia, como o Robert Bresson de *Pickpocket*. Desta vez a alegoria da violência tem uma moral contra a violência. Em *Cães de aluguel* e em *Tempo de violência* só morrem os violentos. Faz tempo que não acontecia isso em Hollywood. De fato, desde os tempos do Código Hays.

Tarantino, ator aspirante, é antes de mais nada escritor. O primeiro roteiro que escreveu e que acabou no cinema foi *Amor à queima-roupa*, que realizou para Tony Scott. No filme aparece, como uma opção que se torna obsessão, Patricia Arquette, à qual a película confere essa aura de loura de ouro que tinha, por exemplo, Lana Turner em *O destino bate à porta*. Mas em *Cães de aluguel* não há uma única mulher e o que um bando de seis produz é uma relação equívoca. Como diz Gore Vidal: "A reunião íntima de homens, seja no esporte ou no exército, sempre produz homossexuais." Neste caso a gangue de ladrões termina na destruição física e num abraço final de dois homens. Contudo, esta película, o roteiro de *Amor à* queima-roupa e a concepção inteira de *Tempo de violência* não se originaram da tela do cinema, mas sim na telinha para assistir vídeos. Foi trabalhando numa locadora de vídeos que Tarantino concebeu suas duas obras-primas. Este estabelecimento foi o mais próximo de Hollywood que Tarantino pôde chegar à época. Ainda que fosse um sonho infantil de Quentin.

Sendo um menino cinemeiro, sua mãe o levava para ver todo tipo de filme, inclusive *Ânsia de amar*, uma película então proibida para menores de 18 anos. Quentin estava então com cinco anos. Para Tarantino, tudo que lhe produziu o filme foi um aborrecimento de marca maior. Ninguém explica como a mãe de Quentin (que lhe pôs este nome porque *sabia* que seria famoso quando adulto, mas à qual ninguém explicou que o Quentin mais famoso era o presídio de San Quentin) conseguiu que deixassem o menor entrar para ver esses filmes. O pequeno Quentin se interessava mais pelas rosetas de milho do que pelas estrelas femininas brilhando prateadas lá em cima na tela. O momento culminante da biografia de Tarantino ocorreu quando conseguiu trabalho nessa locadora agora famosa. "Era o trabalho ideal", explica ele. "Podia ver todos os filmes de graça e além disso me sobrava tempo para ler e escrever". O que via Quentin? "Todos os filmes do mundo". O que lia Tarantino? "Os livros mais baratos, mais baratos ainda do que os *paperbacks*". Lia, segundo ele, *pulp fiction*.

Mas o que é então *pulp*? Em sua primeira acepção é uma revista impressa em papel barato. Também "qualquer revista dedicada a uma literatura sensacionalista e efêmera... estereotipada e usualmente escrita com um objetivo puramente comercial". Pode-se aplicar certamente à maior parte do conteúdo das películas, sejam de violência ou não, *thrillers*, faroestes e até as fitas de amor que apaixonavam a senhora Tarantino. Mas não as películas de seu filho. Tarantino, que é muito astuto, escolheu *Pulp fiction* como título porque é muito apelativo e sua definição derrogatória já não o é mais porque a designação caiu em desuso. Mesmo quando esteve em uso nos anos 20 e era aplicável, por exemplo, à revista *Black Mask* (máscara negra, nome que pegava melhor em Arsène Lupin), não se podia aplicar a seus principais colaboradores, Dashiell Hammett e Raymond Chandler. A ficção *pulp* se salvava, sobretudo, pelo estilo. E quem era o estilista máximo então em voga? Ernest Hemingway, claro. Toda a literatura de *Mask* vinha de um conto de Hemingway publicado anos atrás, "Assassinos".

Nesta narrativa breve e magistral a violência era implícita e só se fazia explícita no diálogo dos dois assassinos (agora se chamam *hit men*) que entravam numa lanchonete do Meio-Oeste vestidos como dois cômicos de vaudeville. Seu diálogo a princípio era duro, depois ameaçador e finalmente letal. Sem tirar nem pôr é o diálogo entre Vince Vega (John Travolta) e Jules (Samuel Jackson) diante dos três rapazes que sabemos que vão eliminar, tanto quanto sabemos, em *Assassinos*, o que vão fazer com o Sueco os dois visitantes de sobretudos justos, Al e Max. Agora Jules, que é negro, antes de disparar em seus alvos, recita versículos de Ezequiel que predizem por oráculo a queda de Israel. *Tempo de violência* começa de forma humorística: rir antes de morrer. Toda a película mantém este tom de humor negro, ainda que Tarantino nos obrigue a levá-la a sério com seu estilo equilibrando-se entre o humor e a violência mais horrível. Além da morte dos rapazes que se esqueceram de entregar o dinheiro ao bandido maior, há um morto por acidente dentro de um carro, a amante do bandido sofre um colapso por inalar cocaína com morfina, um pugilista vende sua luta para apostar em si mesmo e ganhá-la, com o que trai o bandido, uma dupla homossexual sodomiza o bandido, o pugilista se vinga de um dos homossexuais enquanto o bandido castra o sodomizador com dois tiros na virilha e, finalmente, a violência que volta ao princípio, porque *Tempo de violência* é contado em histórias que regressam e fazem do filme uma espécie de ronda do horror. Tarantino aprendeu com Hemingway a contar seu segundo filme e, embora use a etiqueta de *pulp fiction*, esta película é ficção, porém não é *pulp*. Pelo contrário, é um filme de ação elementar como *Cães de aluguel*, porém contado com a sofisticação que tinham as velhas produções da Warner Brothers, essas que antes faziam o público compensar pelo crime. Só que agora o crime não apenas compensa como ganha prêmios, passando por cima dos pretensos filmes de arte, esses que tomaram a raiz do cinema pelas folhas pretensiosas da sétima arte. Tarantino, que é tão generoso com seu apreço como foi Orson Welles, assim fala de outra película: "É um filme que reinventa o cinema". Isto poderia ser dito de *Cães de aluguel*, mas, sobretudo de *Tempo de violência*. É o cinema que reinventa o cinema.

Através do mundo de Abbas Kiarostami

De vez em quando aparece no céu do cinema, a tela, uma estrela fulgurante. Quase sempre é uma atriz ou ator elevados a uma categoria divina pela publicidade e a imprensa. Poucas vezes a estrela é um diretor, como no caso recente de Quentin Tarantino. Outra dessas raras aparições estelares é o iraniano Abbas Kiarostami. Apenas três filmes bastaram a Kiarostami, cujo nome começa a ser familiar, para ocupar o lugar culminante do finado Satyayit Ray, outra estrela no Oriente. É preciso dizer, porém, que Kiarostami não se parece com ninguém, muito menos com Mizoguchi, Ozu ou Kurosawa, os diretores japoneses que brilharam no pós-guerra ocupando o trono das astutas estrelas que se escondem atrás da câmera — para estar sempre presentes. Kiarostami, em *Através dos olivais*, não oculta o diretor, mas sim mostra-o, depois o esconde para tornar a mostrá-lo e finalmente, como em um ato de magia, o converte em onipresente — e este seu último filme foi feito com a magia do cinema por um prestidigitador que exibe as mãos vazias para enchê-las com imagens em um passe diante dos mesmos olhos. Kiarostami é, de fato, um mágico persa.

Como Ray em sua trilogia de Apu *(Pather Panchali, Aparajito* e *O mundo de Apu),* Kiarostami conseguiu uma trilogia perfeita. Como em Ray, os meninos são centrais até a culminação adolescente. Mas o cinema de Ray era um cruel exercício em realismo que esmagava o espectador com a miséria e o fatalismo e a sorte de cão dos seus personagens: eram filmes para chorar. Celebrava--se (se é que se pode celebrar o infortúnio) neles a capacidade de sofrimento de seus personagens e, o que é pior, sua resignação, um sentimento que é típico do povo indiano. Viva como quiser se transformou ali em sofra como puder. Uma última película indiana, apropriadamente chamada *Destino*, de Shaji N. Karun, prolongou um grito de sofrimento que durou duas horas e meia no

Festival de Cannes e resultou insuportável para o público e para o júri. Não porque fosse ruim, como outros filmes do festival, mas sim porque, como quer T.S. Eliot, ninguém pode suportar tanta realidade. Em todo caso, não essa realidade em que o destino é mais cruel que o homem. Kiarostami em seus três melhores filmes faz magia, mas a arte do iraniano, claro, nada tem a ver com o realismo mágico.

Mas antes é preciso mencionar um filme seu nas antípodas, *Close-up*, que é um divertimento que vem da crônica policial. *Close-up* é a crônica de um impostor que tudo que deseja ser é um diretor de cinema. Para consegui-lo usurpa não só seu nome e seu ofício, mas também sua imagem. Na película o falsário é, no final, um astro de cinema. Ou pelo menos o mais perto disso possível: um falso diretor de cinema num filme de verdade. Mas *Close-up* não tem nada a ver com *Onde fica a casa de seu amigo?*, *E a vida continua* e *Através dos olivais*, que formam a trilogia de Quoquer e uma das obras de conjunto mais sólidas, insólitas e belas do cinema mais recente.

Onde fica a casa do seu amigo? é um canto à amizade entre meninos e ao mesmo tempo uma lição de moral. Esta é a fábula. O conscienciosa mestre-escola repreende Reza por ter se esquecido de escrever a tarefa na caderneta adequada em duas ocasiões seguidas. O professor, que além de organizado é sensível, adverte Reza de que o expulsará da classe caso a falta se repita. Amad, condiscípulo e amigo de Reza que mora na aldeia vizinha, quando chega em casa tem a desagradável surpresa de ver que trouxe a caderneta do seu amigo — e aqui começa a aventura. É, contudo, uma busca inútil. Amad decide, contra a vontade materna, ir a Quoquer procurar o amigo para devolver-lhe a caderneta. Para consegui-lo corre em campo aberto perseguido pela noite, procura de casa em casa, pergunta a todo mundo, tateia na escuridão e finalmente tem de regressar, estimulado pelo título que é a chave: onde fica a casa do seu amigo?

Esta busca começou na Idade Média com o Santo Graal, continuou com Shakespeare em *A comédia dos erros* e no século XIX teve sua culminação em *Moby Dick* com a busca da baleia branca. No século XX, Kafka, de modo magistral, o fez várias vezes com "Confusão cotidiana" e "K ante as portas da lei". Agora Kiarostami, K de novo, acrescenta um toque de ternura à inquisição: é um menino procurando outro menino. Não o encontra e já é noite fechada. Decide regressar, quando encontra a solução. No caminho um velho quase cego o presenteia com uma flor para que a prenda em sua caderneta. Quando o professor examina a caderneta de Reza (viu ou não viu a colaboração de Amad?) aparece entre suas páginas a flor encontrada. Que é o final. Que é de uma delicadeza comovedora. Que é a visão do menino de Kiarostami.

Faz muito tempo, quase desde *Ladrões de bicicletas* com Enzo Staiola, descoberto na rua por De Sica, que não se via no cinema um menino que não é um ator profissional atuar com tanta maestria. Claro que a arte maior é de Kiarostami com atores de rua, mas Babak Amadpur (que faz o papel de Amad, enquanto seu irmão Amad faz o de Reza: outra confusão cotidiana para K) tem não só a face como os olhos do cinema: a arte do olhar é sua arte.

A segunda fita, em que Babak Amadpur é só um rosto em uma fotografia, é outra busca. Um diretor de cinema vai até Quoquer procurando o menino-ator não para outro filme, mas para saber se ele sobreviveu ao terrível terremoto que devastou o norte do Irã em 1990. Vai acompanhado de seu jovem filho, ainda mais novo que Amad antes. A busca o leva por diversas derrotas e ao final não encontra o menino perdido. A última tomada (que é essa vista distante, mas não imparcial com que Kiarostami termina *Através dos olivais*) é o carro do diretor tentando vencer uma ladeira na encosta. Parece que não conseguirá, o carro atola. O fracasso é o fim? Não. Momentos mais tarde vemos como o pequeno carro se move e termina a fita lá em cima.

Antes ocorreram dois momentos memoráveis. Um deles é quando um vizinho encarregado de um acampamento de flagelados tenta instalar uma antena de TV para que os outros vizinhos possam ver uma partida decisiva de futebol. Detesto futebol e felizmente Kiarostami não mostra o jogo, mas sim a decisão final destes pobres iranianos. O vizinho perdeu dois irmãos no terremoto, mas declara que a vida continua. O outro momento é quando o menino, ao ouvir dizer que o terremoto é obra de Deus, responde a essa mulher resignada que Deus certamente não tomou parte nessa desgraça. "O terremoto não é de Deus", recapitula o menino falando das 50 mil vítimas e da destruição generalizada. "O terremoto é um cão raivoso. Isso é o que ele é".

O terceiro momento (tudo é três) é uma visão casual de uma casa com sobrado, uma mulher que rega gerânios e um jovem sentado na escada calçando os sapatos. Conversa com o diretor na fita e se ouve uma conversação que o jovem mantém com a mulher que pode ser ou pode não ser sua mulher. Não há metafísicas muçulmanas na conversação: apenas um bate-papo cotidiano — que leva não à confusão, mas sim a uma terceira película de Kiarostami, sua obra-prima.

Através dos olivais não é mais que a conversação deste jovem recém-calçado com essa mulher oculta por seus silêncios e seu *chador*. A casa é ensolarada e mais azul do que costumava ser e há novos gerânios na sacada. Sua fachada não mudou, mas o tempo físico — que não é o tempo cinema, claro — transcorreu. Filma-se agora o filme que estamos vendo como se faz. O diretor é outro, diferente daquele que procurava seu menino-intérprete em *E a vida continua*. Mas é o próprio Kiarostami quem relata. Ou melhor, não relata mas faz o espectador participar da filmagem de uma película ao mesmo tempo que se vê e um plano ser repetido uma e outra vez. Este jogo de repetições do jogo é uma partida com um rei e uma dama, os protagonistas, e os peões da filmagem que avança. Se os iranianos não inventaram o xadrez, complicaram-no para torná-lo intelectualmente mais difícil. O final do jogo é anunciado com uma expressão persa: "xeque-mate".

Houve muitos filmes que mostram como se faz um filme. Notadamente *One plus one* (um fracasso), de Jean-Luc Godard, e um êxito parcial: *A noite americana*, de François Truffaut, e outras tentativas que esqueço. Mas *Através dos olivais* é a última palavra. As palavras do filme se repetem uma e outra vez com as sucessivas tomadas, mas sempre criam, como a sequência em música, uma carga anterior que leva à culminância — desta vez fora da casa com gerânios. Que por certo recorda Matisse em seu cromatismo e sua primeira paleta. Aos que acreditam que o Islã proíbe a repetição da figura humana porque o homem não é Alá, deve-se advertir que a cultura de Kiarostami não é apenas cinematográfica, afinal uma invenção ocidental, para avisar que em *E a vida continua* se ouvem fragmentos do *Concerto para duas trompas* de

Vivaldi. Primorosa é a fotografia de Farad Saba (aqui e em *Onde fica a casa?*) que Kiarostami controlou, como controlou as imagens de *E a vida continua*, com um olho observador.

O final de *Através dos olivais* repete o esquema definitivo de *E a vida*, só que dessa vez os seres humanos, mesmo apequenados pela distância visual, não estão dentro de um carro, mas sim entre os olivais e mais alem das colinas: formando parte da paisagem iraniana. Esta última sequência é um dos finais mais belos e justos do cinema — e é, como sempre em Kiarostami, um final feliz. É *Romeu e Julieta* com uma infinita postergação da cena do balcão em Verona e sem os sucessivos suicídios que Shakespeare perpetrou. É um final adequado a um filme feliz.

Todos conhecem agora a biografia de Abbas Kiarostami e suas opiniões ("Se me dessem a escolher entre sonhar e ver, eu escolheria sem dúvida sonhar", "O cinema merece ser adorado", "Creio que o que se passa atrás da câmera é mais fascinante do que o que se passa à frente", "Viva a fantasia!"), além de seu engenhoso jogo dos três diretores em *Através*. Mas o que não sabem é que, como jurado no Festival de Cannes, fiz o possível para que ganhasse o prêmio da crítica, que se dividiu entre dois filmes políticos, *Queimado pelo sol* e *Viver!* Ambos opostos, mas finalmente produto do realismo socialista em que cresceram seus diretores, um russo e um chinês. Algum dia, quando passar a proibição de falar dos debates do júri, contarei, como um exercício de cinema puro, como *Através dos olivais* foi relegado ante a evidência do stalinismo e do maoismo da qual estamos saturados.

Conheci Kiarostami no jantar de encerramento do festival. É um homem alto, muito moreno e gentil diante de minha evidente indisposição que me impediu de dizer-lhe que o único destino de um artista é produzir uma obra-prima e ele já o havia cumprido mais de uma vez. Como apenas falei com ele é por isso que escrevo esta crônica. Também porque *Através dos olivais* não é um filme, é uma cultura e a obra de um poeta. Que coisa melhor do que terminar com um verso de outro poeta que descreve os olivais e talvez mesmo *Através dos olivais?* "Arbolé, arbolé, seco e verde".

O INDISCRETO SEGREDO DE PEDRO ALMODÓVAR

A flor do meu segredo, a última película de Pedro Almodóvar, começa, como *Mulheres à beira de um ataque de nervos,* com uma mentira: a dublagem antes, agora uma entrevista de médicos terminais com uma mãe que sofre. Mas não é, como *Mulheres,* uma comédia louca, mas a vida, paixão e morte (literária) de uma mulher casada que quer se divorciar. Não de seu marido ausente, ao qual ama com um amor unilateral, mas sim de seu ofício de sonhos felizes. São felizes suas novelas, como tudo que roça o rosa, mas a novelista sofre, infeliz desmesurada. Como costumavam sofrer as mulheres antes de o cinema tornar-se feminista: quando era politicamente incorrigível. Sempre acreditei que há autores, como Manuel Puig, que conhecem melhor as mulheres que a maior parte dos homens e, claro, mais do que muitas feministas, que transformaram o feminismo em uma causa: a exata contrapartida do machismo. Agora Almodóvar se projeta muito, como fazia Manuel. Mas está mais perto de Lorca do que de Puig, com essa estranha mescla de inteligência e intuição poética, a combinação que fazia combustão interna no gênio do poeta que Buñuel e Dalí chamavam de o cão andaluz antes que fosse morto pela descarga que o tornou imortal.

Mas, como diz Jules, o negro assassino a soldo de *Tempo de violência,* antes de entrar para matar: "Vamos entrar na moral".

Foi Oscar Wilde quem declarou que a diferença entre uma grande paixão e o capricho é que o capricho dura mais. Almodóvar aposta na grande paixão e esta, claro, não dura nada. Mas não há pior sugestão do que aquela que não se faz.

A novelista Leo não é uma noveleira mas sim uma neurótica incapaz de tirar as botas românticas apesar da ajuda alheia: transformam-nas, como o delator nas vidas de gângsteres, em sapatos de cimento. São o oposto das botas de sete léguas do conto de fadas. Mas a definição de uma fada é um "ser fantástico... com figura de mulher de maravilhosa beleza, que emprega seu poder para beneficiar os seus eleitos". Não só convém à personagem principal como também à arte de Almodóvar, que com sua varinha de condão moderna reparte benefícios (e ofícios) aos seus personagens. Esta Leo de agora é uma autora que assina com o sonoro porém opaco nome de Amanda Gris.

O crítico como artista, a dicotomia de Wilde ao final do século XIX, foi resolvido pelos diretores franceses da *Nouvelle Vague* 50 anos mais tarde ao se converterem os críticos em artistas. Mas Almodóvar não deve nada à crítica de cinema nem a esse exercício inútil, a crítica da sociedade. Suas películas não se parecem com ninguém nem com nada. Se parecem com alguma coisa, é com outro filme de Almodóvar. Isso se chama, em outras partes da arte, de estilo. Em cinema, já o disse Alfred Hitchcock, "o estilo se parece com a antropofagia, mas só quando alguém é canibal de si mesmo". Se algo se repete, é o devorado.

Aprecio Almodóvar quando ri, porque nos faz rir. Mas, coisa curiosa, sua obra-prima absoluta, *A flor de meu segredo,* não faz rir. É, pelo contrário, seu filme mais dramático, deveras desesperado, e é ao mesmo tempo uma flor desse gênero que o cinema cultivou desde o seu primeiro jardim, o filme para mulheres. O *woman's picture* em que antigamente desabrocharam atrizes especialistas em ser mulheres sofredoras. Como Greta Garbo em quase todos os seus filmes, Barbara Stanwyck (especialmente em *Stella Dallas, a mãe redentora*) e, muito mais recente, Joan Crawford em *Alma em suplício,* obra-prima de Michael Curtiz (superior até a *Casablanca,* que dirigiu também por essa época), que é todo um programa de ação para a protagonista, que sempre sofre, como sofre agora, mais que ninguém, Marisa Paredes.

A personagem de Paredes parece com a que ela fez em *De salto alto*: uma cantora já veterana, porém um mito menor que recebe a homenagem entre sincera e paródica de um travesti. A cantora é extraordinária somente na ficção. Na realidade é uma doente mais do ego do que do coração: um ser enfermo do ser. Seu coração é toda treva, apenas redimido pelo final trágico. Aí termina e começam as semelhanças.

As películas (chamá-las de filmes seria um insulto) de Almodóvar mostram um sentido da estrutura interna já desde o roteiro, que ele mesmo escreve com um seguro senso cinematográfico e uma ingenuidade literária não isenta de certo encanto (popular). Faz tempo que Nietzsche disse que quem tenta separar a forma do conteúdo não é um artista, é um crítico. Uma película, uma novela, um conto, que todos contam, têm uma estrutura que é o fundo e a forma, tornados visíveis não como uma duidade, mas sim como unidade. A mais saliente característica da arte de Almodóvar é sua inteligência, em um diretor que parece à primeira vista totalmente intuitivo, que improvisa mais do que prepara, que labora mais do que elabora, em uma orquestração das partes que se vê musical, enquanto o próprio Almodóvar, para conseguir sua atmosfera sexual ou sentimental (é o mesmo, só se diferenciam na expressão), depende diretamente da música e quase sempre da música popular. Agora é Bola de Nieve cantando seu próprio bolero, assinado por seu *alter ego* chamado Ignacio Villa, "Ai, amor", que deveria chamar-se "Há amor".

(Com uma piscadela faz o petulante magistral de Juan Echanove incorrer em pecado ao afiliar Bola ao *feeling*).

Um dos antecedentes da novela cor-de-rosa radiofônica é, coisa curiosa, um bolero. Seu autor, Félix B. Caignet, foi também o autor de *O direito de nascer*, estrondoso êxito primeiro em Cuba e depois em todo o continente americano. Sua aura sonora chegou até o Japão, que se tornou a terra do Mojito, nome japonês para uma bebida cubana. Esse velho bolero dizia: "Te odio y sin embargo te quiero./El odio es cariño,/no me cabe duda/pues te odio y te quiero a la vez/y me muero por ti".

O protagonista feminino de *A flor* bem que podia adotar este verso masoquista como divisa. É o que ela faz em quase toda a película e, em dado momento, o similar poético "me muero por ti", a leva a cometer um suicídio afortunadamente frustrado - para ela e para nós espectadores. Que a personagem que se obriga a perder a vontade permite presenciar todo o jogo (o espanhol é um idioma em que os atores não jogam como em inglês e em francês, mas em vez disso trabalham) que é a arte de Marisa Paredes. Almodóvar, que a colocou no centro de *De salto alto*, agora faz dela o eixo concêntrico, numa atuação que recorda por sua intensa solidão a Joan Crawford sofrida dos anos 40 e 50, de *Alma em suplício* e *Folhas mortas*, melodramas maduros. Em *Folhas mortas* Joan também escreve à máquina sem cessar como Marisa, mas, como adverte Leo, ela é uma escritora, enquanto a Crawford era uma datilógrafa. Ela atribui a Capote a distinção, mas as memórias de uma datilógrafa, *Folhas mortas*, são uma película chave para Puig, que chamava Crawford de Santa Joana da América. Segundo Manuel essa película salvou-lhe a vida uma vez. Agora Almodóvar vem conferir a Marisa Paredes a imortalidade. Joan Crawford morreu, mas Paredes permanece.

Almodóvar parece aqui fascinado pela letra impressa e faz com que sua protagonista, como Quixote em Barcelona, vá a um periódico, *El País*, e visite a redação, à qual tem acesso entre fragmentos de *vitraux* como a uma catedral submersa no silêncio dos ordenadores. Depois ela, como Cervantes antes, se deixa seduzir pelo estrondo da impressora. Tal coisa pareceria como se Gutenberg tivesse inventado a novela. Mas a novela cor-de-rosa tem estado aí antes de 1440. Muito antes.

Dafne e Cloé, a primeira novela cor-de-rosa porque nela se descreviam mais os sentimentos do que os atos de seu herói e, muito importante, sua heroína, foi escrita em grego antigo e traduzida para o inglês em 1657. Um primeiro *slogan* romântico proclamava que era *"an amorous handbook for ladies"*. Ou seja, um manual amoroso (leve piscar de cílios postiços) para as damas. Sobre as novelas cor-de-rosa em geral e em particular, suas variações modernas sobre um tema do grego Longo (noveleta seriada, novela de rádio, novelão de TV, especialmente em cores quando se chama *culebrón*, que o dicionário define, realmente, como mulher intrigante e, anotem, de má fama), frequentei um curso nas escolas de verão do Escorial. Entre escritores e professores se sentavam por direito próprio duas cultivadoras do gênero, mulheres de gênio: Corín Tellado, minha mestra em *Vanidades* ("revista para a mulher e a moda"), e Delia Fiallo, a rainha das telenovelas, ambas tornadas ricas e famosas por seu ofício. (Mas não veio a viúva em rosa, a quem quero manter em seu antilhano). Como ouvinte que tem ouvido e opiniões próprias estava Pedro Almodóvar. Tinha vindo, desconfio, para ver e ouvir Corín Tellado, que já havia se retirado, mas Pedro ficou para fazer críticas ao gênero. Já escrevia o roteiro de *A flor de meu segredo*, embora alguém que ouviu com atenta atenção possa ter detectado uma certa aversão (ou pelo menos reticência) ao gênero que tem mais de dois mil anos literários.

Almodóvar falou de maus atores, de piores diálogos, de situações falsas. Ele, melhor que ninguém, deveria saber que esses ingredientes fazem parte para alguns de seu sabor artificial: um edulcorante que cria hábito. Para outros (milhares, milhões deles) aí reside seu fascínio. (Que vem do latim e quer dizer também mal de olho — como o que produz a TV: mal de olho único.)

Desconfio que a "coisa secreta", um dos nomes do sexo, é o repúdio da protagonista a seu ofício do século XX de escritora cor-de-rosa. Isto já estava escrito ou pensado por Almodóvar quando escalou o Escorial. A outra parte (quando a protagonista vive sua vida nada rósea que tem uma culminância rosa) lhe ocorreu ao chegar a uma Madri que certa vez esteve à mercê das imagens e dos diálogos de *Cristal*, a novela escrita por Delia Fiallo e realizada em Caracas. Como no *culebrón*, os males das mulheres em *A flor* vêm, como uma sífilis do espírito, dos homens, de seus filhos e, ai, amantes. Todas elas sofrem desse mal venéreo, desde Paredes até Rossy de Palma, com sua beleza que cria cânone. "Sofra, mulher, sofra", propunha Fats Waller ao piano, e elas sempre sofrem. Até Manuela Vargas, forte como o *flamenco*, sofre.

É curioso que *A flor de meu segredo* (título que poderia ser adotado por um novelão venezuelano) termine com uma cena que é uma paródia do final de *Ricas e famosas*. Essa é a película favorita de uma escritora catalã, feminista e familiar, e muita gente jura por seu feminismo fílmico. Em *A flor de meu segredo* o segredo final é que aqui o excelente Echanove no papel (periódico) de Ángel e a novelista, que não por gosto se chama Leo (de Leocadia, seu nome, mas também de ler), sintam o amor do lume, o único amor possível para ele e ela. É, como muitas vezes em Almodóvar, um final feliz.

Com Tarantino, Almodóvar está tremendamente interessado nos transgressores. Mas, ao contrário de Tarantino, não presta culto à violência mas sim à paródia: seus atos de violência são sempre parodiando.

(A violação de Kika é tão cômica como quando Laurel e Hardy tentam dormir na mesma cama precária.) Inclusive em sua película mais dada à transgressão (e de passagem mais rica em provocações), *De salto alto*, a violência aparece como uma referência como um dado distante.

No assassinato do odioso marido de Victoria Abril é um estampido e um fogaréu dentro de uma casa da qual se ver apenas a fachada. Victoria, muito principal, confessa seu crime diante das câmeras da TV da qual é uma modesta *speakerine*. Mas essa confissão, que deveria ser dramática, se vê (este é o verbo) convertida na versão oral dos gestos, às vezes desesperados, com que outra locutora, dessa vez muda, arremeda a linguagem manual dos surdos-mudos. Trata-se, como é frequente na TV, de uma comédia de horrores.

A única violência visível em *De salto alto* é sexual, heterossexual, por mais sinais. Não é uma última sedução *à la* Linda Fiorentino, mas sim que Victoria, derrotada, é seduzida por um travesti que, semivestido de mulher, pratica uma cunilíngua desesperada. Como representação sexual, ou melhor teatral, este coito abrupto mas não interrupto é um dos exemplos de conhecimento carnal mais crus e ao mesmo tempo mais estilizados do atual cinema espanhol.

As películas de Almodóvar (*Mulheres, De salto alto, Kika*) parecem pertencer ao que se chama "efêmero *pop*", onde é preciso diferenciar entre o *pop* industrial de Andy Warhol e o *pop* pictórico puro de David Hockney. Há elementos na arte de Almodóvar em que as referências pictóricas são bem visíveis. Esta é a diferença entre ele e Quentin Tarantino, seu semelhante. Os dois fazem arte referencial, mas as referências de Tarantino são sempre outras películas, ainda que haja referência em seu título mais conhecido à arte literária popular dos novelistas *pulp* não *pop*. As referências de Almodóvar são ocultas porém mais cultas.

Há dois interregnos. Um é o regresso à aldeia como um útero ao qual se volta para tomar a nascer. Ocorreu em *Ata-me* em um final feliz. Ocorre em *La flor in medias res*. Agora a esmagadora verticalidade urbana dá passagem ao horizonte de um campo de flores amarelas para sempre em nossos olhos. Enquanto o comentário sonoro é um poema que recita Chus Lampreave, sempre sábia, com a comovedora simplicidade que sabe que "Minha aldeia" abre as páginas sonoras do passado "para fazer vocês ouvirem a emoção e o romance de um novo capítulo", que era o lema da *Novela del aire* no rádio que não sai da memória, escrita cada noite às nove pela inesquecível Caridad Bravo Adams.

O outro interregno em seu reino é a música dos créditos finais. Em *A lei do desejo* Almodóvar cedeu a voz para Bola de nieve, em *Mulheres* La Lupe cantou *Teatro* como ninguém. Agora chega a vez desse assombroso músico que é Caetano Veloso, que canta "A toada da lua cheia", que é tão delicada quanto o campo amarelo que é um trânsito para que Leo volte a ser a Leocadia da aldeia. Como contraste entre uma realidade e outra, Almodóvar pinta Madri como sofisticada, elegante e apodrecida, feita de pedra e cristal, dinâmica. Se Roma era de Fellini e Nova York é de Woody Allen, Madri pertence a Almodóvar.

Na história dos sentimentos vem primeiro o amor, que aqui rima com flor. É um *tour de force* de Almodóvar criar uma história de sentimentos previsíveis e armar com eles uma novela de amor. Há agora um grande romance em vez de uma paixão. Romance é um amor intenso e breve, que, claro, dura mais que um capricho. Falar em romance pela TV é uma paixão americana.

Sentado em um vestíbulo da Televisión Española, esperando uma tarde para ser entrevistado, vi vários atores espanhóis assistindo a *Cristal* e os ouvi. Viam fascinados mas ouviam de dentes arreganhados: o sotaque americano os incomodava. "Este sotaque é insuportável", diziam uns, enquanto outros manifestavam: "Prefiro que me contem as coisas em cristão." Resmungaram até que o ator Escrivá, *debonair*, se viu obrigado a intervir, bem-humorado: "Mas senhores, isso faz parte do seu encanto." A novela cor-de-rosa e a reação contra ela que sofre a autora (e, suponho, o autor de seus dias e noites: a noite em Almodóvar é sempre cúmplice, de um crime e de uma paixão e de um crime passional), fazem e desfazem a trama com Paredes de Penélope inquieta. Essas contradições fazem parte do seu encanto porque esse encanto, é preciso dizer, é outra novela cor-de-rosa.

Nem tão divertida como *Mulheres* e nem tão inquietante como *De salto*, *A flor de meu segredo* é a melhor película de Almodóvar até agora. A mais perfeita tecnicamente. A mais bem escrita e a mais moralmente integrada — este espectador aqui sempre sentiu que estava diante de uma obra maior. Esqueçam de George

Cukor, Mitchell Leisen e até Claude Chabrol, pois Pedro Almodóvar, agora, é o melhor inventor de mulheres do cinema: uma espécie de Adão com costelas disponíveis para criar várias Evas.

Freud, não no seu suave divã mas sim em seu leito de morte, confessou que nunca soube o que queriam as mulheres. Agora eu sei: Almodóvar sabe. Esse é o segredo dessa flor que leva na lapela de sua capa, descapado.

Por um final feliz

O final feliz foi inventado, como tantas outras coisas, pelos gregos. Na *Ilíada*, Homero criou o final terrível. A pedidos, na *Odisseia*, deu origem ao final feliz. Depois de tantas peripécias e mulheres maliciosas, Ulisses regressa a casa para reunir-se com sua mulher Penélope, seu filho Telêmaco e seu pai Laertes. É certo que antes, de regresso, faz uma carnificina dos pretendentes de sua esposa. Mas isso é *peccata minuta*. A matança não importa, o que importa é que Ulisses descreve o leito de sua amada antes de voltar a compartilhá-lo. *The End*.

E Hollywood, vocês veem, parecia tê-lo inventado.

Índice Onomástico

Agee, James, 13
Alarcón, Pedro Antonio de, 24
Aldrich, Alphonse, 76, 77, 79
Allen, Woody, 9, 62, 112, 153, 170
Alma-Tadema, Lawrence, 36
Almendros, Néstor, 14, 50, 62
Almodóvar, Pedro, 141, 164-171
Amad, 160-161
Amadpur, Babak, 161
Ameche, Don, 59-60
Anderson, Sherwood, 54
Andrews, Dana, 52
Anhalt, Enrique, 86
Anhalt, Nedda, 86
Antonioni, Michelangelo, 16
Aristófanes, 30
Armstrong, Gilian, 147
Arzner, Dorothy, 145-146
Astaire, Fred, 5, 150
Astor, Mary, 61, 91, 97, 100-101
Astruc, Alexandre, 41
Attenborough, Richard, 126-127

Bach, Johann Sebastian, 15
Balenciaga, Cristóbal, 11
Bandello, Cesare, 155
Banderas, Antonio, 154
Bardin, John Franklin, 139
Barry, Joan, 17
Barrymore, John, 21, 59, 60, 61, 65
Barthelmess, Richard, 57, 58
Bazin, André, 41
Beach Boys, The, 149

Beckett, Samuel, 136
Bell, Monta, 21, 24
Belmondo, Jean-Paul, 79
Benchley, Robert, 51
Bergman, Ingmar, 153
Bergman, Ingrid, 73-75
Bergman, Martin, 110
Bergson, Henry, 33
Berkeley, Busby, 119
Bernhardt, Sarah, 30
Bigelow, Kathryn, 137, 146-151
Birkin, Jane, 11
Blake, William, 8
Blasco Ibáñez, Vicente, 21
Bloom, Claire, 16
Boardman, Eleanor, 21, 25-26
Böcklin, Arnold, 53
Bogarde, Dirk, 7
Bogart, Humphrey, 56, 63-69, 73-74, 79, 91, 97, 99, 113, 129
Boileau-Narcejac, 105
Bonanova, Fortunio, 80
Booth, Frank, 140, 142, 144
Borges, Jorge Luis, 41, 108
Borgia, César, 108, 115
Borgia, Lucrecia, 108, 115
Borgnine, Ernest Effron, 153
Borzage, Frank, 23
Bow, Clara, 38
Bowie, David, 84-85
Boyer, Charles, 73
Bradbury, Ray, 128
Brahm, John, 52

Brando, Marlon, 54, 147
Branly, Roberto, 50
Bravo Adams, Caridad, 170
Bresson, Robert, 156
Brockden Brown, Charles, 139
Brooks, Louise, 68
Brooks, Mel, 112, 138
Brownlow, Kevin, 13-15, 18-19
Bruegel, 82
Brunilda, 51
Bryce, Nathan, 82-84
Bujold, Genevieve, 104
Buñuel, Luis, 57, 141-142, 164
Burnett, W. R., 91, 96

Cage, Nicholas, 139-140
Cagney, James, 8, 109, 113
Caignet, Félix B., 166
Cain, James B., 92, 96-98
Caín, G., 74
Caldwell, Erskine, 134
Calhern, Louis, 98
Cameron, James, 147, 150
Cammell, Donald, 81
Camonte, Tony, 111, 113, 115
Camus, Albert, 148
Caniff, Milton, 121-122
Capone, Alfonso, 108-111, 113, 115
Capra, Frank, 8, 128
Capshaw, Kate, 120, 123
Carlo, Ivonne de, 99
Carril, Hugo del, 105
Carroll, Lewis, 20, 39
Carter, Jimmy, 150
Caruso, Enrico, 80
Carver, Lily, 77-78
Cassavettes, John, 105
Castro, Fidel, 3
Cerruti, 110
Cervantes, Miguel de, 120, 167
Charbol, Claude, 34, 171
Chan, Charlie, 120

Chandler, Helen, 56, 57
Chandler, Joan, 37
Chandler, Raymond, 84, 96, 98, 100, 157
Chaney, Lon, 103
Chaplin, Charles, 9-19, 22-26, 76
Chaplin, Oona, 12
Chaucer, Geoffey, 143
Chayefsky, Paddy, 153
Cherrill, Virginia, 18-19
Chesterton, G.K., 36
Churchill, Winston, 12
Cid, El, 63
Cinderela, 36, 59
Clarens, Carlos, 126
Clark, Candy, 82
Clarke, Arthur, 130
Clayburgh, Jill, 103
Cohn, Harry, 68
Colbert, Claudette, 59-60
Colette, Sidonie Gabrielle, 60
Colman, Ronald, 21
Colombo, Cristóvão, 19
Connery, Sean, 43
Conwell, Carolyn, 44
Coogan, Jackie, 17
Cooper, agente, 136, 143
Cooper, Merian C., 125
Coppola, Francis Ford, 18, 76, 103, 106, 153
Cora, 93, 98
Cornélia, 28
Coulson, Katharine, 136
Courrèges, André, 11
Crawford, Joan, 92, 133, 165, 167
Crichton, Michael, 124
Cukor, George, 36, 171
Cummings, Robert, 37
Curtis, Jamie Lee, 146, 149
Curtis, Tony, 99
Curtiz, Michael, 152, 165
Czerny, Karl, 60

Czerny, Tibor, 59
D'Amico, Silvio, 22
D'Arrast, Harry, 21-27
Da Vinci, Leonardo, 8
Dafoe, Willem, 147
Daguerre, Louis, 24
Dalí, Salvador, 137, 141-142, 164
Dalio, Marcel, 27
Dall, John, 101
Dante, 4, 31, 94
Davies, Marion, 25-26
De Mille, Cecil B., 13
De Niro, Robert, 103
De Sica, Vittorio, 3, 17, 161
Deckard, Rick, 130
Dekker, Albert, 79-80
Demócrito, 11, 14
Denham, Carl, 97
Dern, Bruce, 136
Dern, Laura, 127, 136, 139
Descartes, René, 26
Dickinson, Angie, 113
Dieterle, William, 57
Dietrich, Marlene, 120
Dior, Christian, 98
Disney, Walt, 2, 114, 125-126, 132
Dmytryk, Edward, 99
Doré, Gustave, 8, 122
Douglas, Kirk, 105
Dubois, Blanche, 151
Duhamel, Marcel, 90, 96
Dumont, Margaret, 30-31
Durango, Perdita, 136
Dvorak, Ann, 107

Eagles, Jeanne, 48
Eboli, duquesa de, 120
Echanove, Juan, 166
Edison, Thomas Alva, 129
Eisenstein, Sergei, 22, 40, 43
Eliot, T.S., 3, 4, 31, 33, 160

Erasmo, Desiderio, 33
Erice, Victor, 5
Ernst, Max, 141
Escrivá, Javier, 170
Evello, Carl, 77-78

Falla, Manuel de, 24
Faulkner, William, 3, 112, 120, 134, 144
Fellini, Frederico, 16, 153, 170
Fernán Gomez, Fernandez, 63
Ferrara, Abel, 70
Feyder, Jacques, 105
Fiallo, Delia, 167, 168
Fields, W.C., 14-15
Fiorentino, Linda, 97, 101-102, 169
Fitzgerald, Francis Scott, 3, 54-55
Flammarion, Georges, 59
Flynn Doyle, Lara, 101
Fonda, Henry, 39
Ford, Harrison, 130, 133
Ford, John, 5, 62, 108
Fowles, John, 141
Franco, Franscisco, 3
Frank, Nino, 94, 97
Freud, Sigmund, 7, 12, 33, 141, 171
Fuller, Samuel, 45-49
Fuseli, Henry, 141

Gable, Clark, 60
Galateia, 37
Gallagher, Mr., 29
Garbo, Greta, 21, 165
García Lorca, Frederico, 7, 35, 164
Gardner, Ava, 99
Garnett, Tay, 93
Gauguin, Paul, 8, 156
Ginsberg, Allen, 7
Godard, Jean-Luc, 11, 45, 48, 79, 145, 162
Goddard, Paulette, 16-17
Goebbels, Joseph, 2, 51, 52, 145-146

Goldblum, Jeff, 126, 127
Gómez, Miriam, 5, 76
Gounod, Charles, 40
Graco, 28
Grahame, Gloria, 52, 63-64, 66-69
Grant, Cary, 18, 37, 57
Gray, Dorian, 83
Gray, Laurel, 68-69
Grey, Lita, 17-18
Griffith, D.W., 45
Griffith, Melanie, 58
Gris, Amanda, 165
Gris, Juan, 54
Gromek, 44
Guarner, José Luis, 79
Gucci, 110
Guevara, Che, Ernesto, 12
Gutiérrez Alea, Tomás, 50

Hagen, 51
Hale, Georgia, 18-19
Hammer, Mike, 77-78, 80, 91
Hammet, Dashiell, 56, 90, 96, 97, 157
Hammond, Dr., 126
Harbou, Thea von, 50-52
Hardy, Oliver, 15, 168
Harlow, Jean, 67
Harris, Mildred, 17
Hawks, Howard, 5, 58, 85, 107-110
Hayden, Sterling, 91
Hayworth, Rita, 63
Hearst, William Randolph, 25
Hetch, Ben, 108-110
Hegel, Georg, 41
Helena, 97
Hemingway, Ernest, 54-56, 74, 94-95, 99, 157, 158
Henry, Buck, 82
Hepburn, Katharine, 57, 85
Herodes, 121
Heródoto, 9

Hermann, Bernard, 39-40
Heston, Charlton, 63
Hinkel, Adenoid, 20
Hitchcock, Alfred, 7-8, 34-38, 40-44, 74, 101, 104-105, 141, 147, 165
Hitchcock, Alma, 36
Hitler, Adolf, 2, 12, 28, 39, 51-53, 129, 146
Hockney, David, 169
Hoffmann, E.T.A., 139
Holmes, Sherlock, 137
Homero, 4, 172
Hoover, J. Edgard, 156
Hopper, Denis, 136
Hughes, Howard, 68, 108-110, 115
Hugo, Victor, 104, 144
Humbert, Humbert, 17
Humpty Dumpty, 28
Huppertz, Gottfried, 51
Hussein, Saddam, 79
Huston, Anjelica, 100
Huston, John, 56, 61, 63, 91-92, 97, 99

Ince, Thomas, 25
Ionesco, Eugène, 41
Irving, Amy, 105

Jackson, Samuel, 127, 158
Jaffe, Sam, 91
Johnson, Lyndon B., 150
Jolson, Al, 26
Jones, Indiana, 119-121, 123

Kael, Pauline, 67-68
Kafka, Franz, 136, 139, 160
Kagan, Jeremy Paul, 9
Kahlo, Frida, 101, 136
Kalton Lahue, Karl, 12
Kane, April, 122
Kane, Miss, 122

Karamazov, irmãos, 32
Karun, Shaji N., 159
Katz, Ephraim, 77
Keaton, Buster, 11-13, 15, 19
Keitel, Harvey, 154
Kelly, Grace, 35
Keyes, Evelyn, 63
Kiarostami, Abbas, 159-163
Kidman, Nicole, 100
Kieling, Wolfgang, 44
Kilmer, Val, 101
Kobal, John, 66, 67, 137
Kubrick, Stanley, 91-92
Kuleshov, Lev, 40-41
Kurosawa, Akira, 90, 159

Ladd, Alan, 92
Ladd, Diane, 136
Laertes, 172
Lamar, Hedy, 73
Lampreave, Chus, 169
Lancaster, Burt, 92, 99, 100
Lang, Fritz, 50-53, 57, 141
Lange, Jessica, 93-94, 98
Langlois, Henri, 5, 50
Lara, Agustín, 123
Laurel, Stan, 15, 168
Laurentis, Dino de, 138
Laurie, Piper, 105
Lautréamont, Conde de, 141
Leach, Winslow, 104
Lee, general, 46
Leigh, Janet, 41-42
Leisen, Mitchell, 23, 61, 63, 171
Leone, Sergio, 90
Leroux, Gaston, 104
Lewis, Jerry, 153
Lewis, Joseph, 101
Liszt, Franz, 60
Lom, Herbert, 104
Lombard, Carole, 17, 37
London, Jack, 17

Longo, 167
Lorre, Peter, 57, 74, 91
Lovejoy, Frank, 65
Lubitsch, Ernst, 23
Lucas, George, 103, 123
Luddy, Tom, 76, 154
Lugosi, Bela, 56
Lumière, irmãos, 2, 11
Lupin, Arsène, 257
Lupino, Ida, 63
Lynch, Charles, 134
Lynch, David, 134-144

Macbeth, 2, 28, 93, 114, 152
Macbeth, Lady, 150
MacLachlan, Kyle, 136
Magritte, René, 141
Mahler, Alma, 36
Mailer, Norman, 64
Malcolm, Dr., 126-127
Malle, Louis, 76
Malraux, André, 140
Manners, David, 57
Mao Tse-Tung, 3
Marlowe, Philip, 129
Marshall, Penny, 147
Martin, Steve, 112
Marvin, Lee, 63, 66, 113
Marx, Chico, 28
Marx, Groucho, 3, 28, 32-33
Marx, Harpo, 28
Marx, irmãos, 29
Marx, Karl, 12, 41, 72
Marx, Minnie, 28-29
Marx, Zeppo, 28
Mary-Loy, 82
Mason, James, 15
Maugham, Somerset, W., 113, 120
Mayer, Louis B., 52, 55
Mayersberg, Paul, 84
McCarthy, Joseph, 70
McCarthy, Kevin, 70-71

McCarthy, Mary, 70
McCartney, Paul, 11
McCoy, Horace, 96
McCrea, Joel, 60
McMurray, Fred, 98
Meeker, Ralph, 77, 79
Méliès, Georges, 127
Melville, Herman, 111
Mendelssohn, Feliz, 15
Menjou, Adolphe, 26
Mergenthaler, Ottmar, 46
Merrill, Frank, 47
Miguel Ângelo, 9
Milanés, José Jacinto, 102
Milestone, Lewis, 26, 122
Minnelli, Liza, 98
Monroe, Marilyn, 91, 98, 115
Montana, Tony, 110-115, 138
Montand, Yves, 43
Montesinos, 18
Moore, Demi, 99
Moreau, Jeanne, 121
Morgan, Dennis, 73
Mosyukin, Ivan, 41
Muni, Paul, 57, 107, 110
Mussolini, Benito, 3, 29

Nabokov, Vladimir, 144
Nance, John, 136
Nash, Marilyn, 16
Newman, Paul, 43-44
Newton, Thomas Jerome, 82-84
Nichols, Barbara, 52
Nicholson, Jack, 93, 97
Nietzsche, Friedrich, 130, 150, 166
Niro, Robert de, 103
Novak, Kim, 67
Nugent, Eliot, 58

O'Brien, Willis, 124-125
Olivier, Laurence, 2
Ondra, Annie, 38-39

Ophüls, Max, 52
Orfeu, 148
Ortega y Grasset, José, 132
Otelo, 67, 149
Ozu, Yazujiro, 159

Pacino, Al, 110-111
Padilla, 18
Palma, Brian de, 103-106, 110, 112, 114, 138
Palma, Rossy de, 168
Paredes, Marisa, 165-168, 170
Pascal, Blaise, 72
Pasteur, Louis, 57
Peabody, Eve, 60
Peck, Gregory, 37, 150
Peckinpah, Sam, 94
Penélope, 170, 172
Perú, Bobby, 147
Petty, Lori, 146
Picasso, Pablo, 8, 54
Piranesi, Giambattista, 129, 141
Plateau, Joseph, 2
Poe, Edgar Allan, 35-36, 124, 136, 139-142
Popeye, 112, 140, 142
Porter, Cole, 119
Pound, Ezra, 3-4
Powell, Dick, 66, 129
Powell, Michael, 140
Power, Tyrone, 56-57, 136
Presley, Elvis, 139, 142
Proust, Marcel, 12
Pudovkin, Vsiévolod, 40, 43
Puig, Germán, 50
Puig, Manuel, 164, 167
Purviance, Edna, 16-17
Pym, Gordon, 128

Quant, Mary, 11
Quasímodo, 138
Queen, Ellery, 90

Rabanne, Paco, 11
Rafelson, Bob, 93
Raft, George, 91, 107
Rains, Claude, 74, 104, 153
Ray, Nicholas, 63, 67-69
Ray, Satyayit, 159
Reagan, Ronald, 73, 150
Rechendorfer, Joseph, 135
Redford, Robert, 43
Reeves, Keanu, 150
Resnais, Alain, 11
Reville, Alma, 36
Reynolds, Burt, 112
Riefenstahl, Leni, 3, 145
Rimbaud, Arthur, 2
Robards, Jason, 104
Robertson, Cliff, 104
Robinson, Edward G., 109, 154-155
Rodríguez, Robert, 154
Roeg, Nicholas, 81, 84-85
Rogers, Ginger, 5, 61, 68
Rohmer, Eric, 34
Romero, George A., 10, 70
Rosetti, Christina, 78
Rossellini, Isabella, 136
Rossellini, Roberto, 3, 17
Royce Landis, Jessie, 35
Ruano, Pablo, 122
Rusell Taylor, John, 36
Ryskind, Morrie, 33

Saba, Farad, 163
Sackville-West, Vita, 35
Samsa, Gregorio, 72
Sandy, Alba, 136
Schmelling, Max, 39
Schoenberg, Arnold, 13
Schopenhauer, Arthur, 150
Scorcese, Martin, 9, 103
Scott, Lizabeth, 98, 100
Scott, Tony, 101, 156
Seidelman, Susan, 147

Sellers, Peter, 54
Selznick, David O., 38, 55, 74
Seymour, Dan, 74
Shakespeare, William, 2, 28, 35, 87, 88, 152-153, 160, 163
Shaw, Artie, 84
Shaw, Bernard, 129
Shean, Al, 29
Shelley, Mary, 137, 140
Sheridan, Ann, 73
Shoedsack, Ernest B., 125
Siegel, Don, 70, 113
Siegfried, 50-52
Singer, Isaac Bashevis, 86, 89
Siodmak, Robert, 52, 57, 92, 99-100, 141
Sirk, Douglas, 52, 57
Smith, Art, 65, 148
Soberin, Dr., 78, 80
Sócrates, 30
Spade, Sam, 90
Spaulding, capitão, 28, 33
Spielberg, Steven, 103, 123, 126-127, 153
Staiola, Enzo, 161
Stalin, Joseph, 12-13, 22
Stanwyck, Barbara, 52, 92-93, 98, 100, 132, 165
Starr, Ringo, 12
Steele, Dixon, 65
Steenburgen, Mary, 67
Stein, Gertrude, 54-55
Sternberg, Joseph von, 36, 108, 120, 155
Stewart, James, 37
Stone, Oliver, 101
Stone, Sharon, 99
Stravinski, Igor, 13, 125
Stroheim, Erich von, 22
Swanson, Gloria, 13
Swayze, Patrick, 150
Swift, Jonathan, 132

Talbot, Lyle, 66
Tarantino, Quentin, 95, 98, 101, 152-158
Taylor, John Russell, 36
Telêmaco, 172
Tellado, Corin, 167
Thompson, Jim, 100
Thurman, Uma, 98
Todros, Reb, 87
Toklas, Alice B., 54
Toland, Greg, 152
Torn, Rip, 82
Torres, Raquel, 31
Totheroh, Rollie, 15
Towers, Constance, 47
Tracy, Spencer, 52
Trail, Armitage, 108, 110
Travolta, John, 158
Trefusis, Violet, 35
Truffaut, François, 34-35, 43, 97, 145, 162
Tryon, Tom, 63
Turner, Lana, 67, 92-94, 97-98, 156
Tynan, Kenneth, 152

Ulisses, 4, 63, 172
Unamuno, Miguel de, 3, 131

Valdemar, M., 140
Van Gogh, Vincent, 8, 120, 156
Vargas, Manuela, 168
Veloso, Caetano, 170
Verea, Lisette, 31
Verne, Jules, 130
Vidal, Gore, 156
Vidor, King, 26
Villa, Ignacio, 166
Visconti, Luchino, 3, 92, 97
Vivaldi, Antonio, 163

Wagner, Richard, 51-52
Waller, Fats, 136, 168
Walter, Bruno, 51
Ward, Rachel, 100
Warhol, Andy, 13, 112, 115, 169
Warner, irmãos, 32, 57, 73, 81, 154, 158
Warner, Jack, 32
Warwick, Robert, 65
Washington, George, 19
Wayne, John, 5, 63
Weinberg, Herman, 22, 27
Welles, Orson, 2, 5, 18, 25, 41, 108, 120, 145, 152-153, 155, 158
Wells, H.G., 152
West, Mae, 37
Whale, James, 137, 140
Whalley-Kilmer, Joanne, 101
Whitman, Walt, 7
Wilde, Oscar, 7, 22, 84, 133, 138, 164-165
Wilder, Billy, 9, 23, 60-61, 92, 98
Wolff, Hugo, 24
Wray, Fay, 93
Wright, Teresa, 37
Wunder, George, 122
Wyler, William, 141
Wynter, Dana, 71

Yeats, William Butler, 3-4
Yen, general, 128, 132
Yentl, 86-89
Young, Sean, 133

Zola, Emile, 7, 57

ÍNDICE DE FILMES, PEÇAS E LIVROS

Aconteceu na Espanha, 24
Aconteceu naquela noite, 60
Acossado, 79
Agora você é um homem, 103
Alcaide e o mendigo, O, 26
Alfabeto, O, 138
Alice não mora mais aqui, 103
Alien, 72
Alma em suplício, 92, 165, 167
Alma no lodo, 108-109, 155
Alma torturada, 92
Amor à queima-roupa, 101, 155, 156
Anjo do mal, 45
Ânsia de amar, 157
Aparajito, 159
Argélia, 73
Assassinatos da rua Morgue, 124
Assassino entre nós, Um, 52
Assassinos, Os, 92, 94-95, 99, 113, 157-158
Assassinos natos, 101
Assim estava escrito, 66
Assim falou Zaratustra, 130
Ata-me, 141, 169
Até a vista, querida, 99
Através dos olivais, 159-163

Baionetas caladas, 45
Baixeza, 92, 99
Balneário, o, 16
Beco sem saída, 155
Beijo amargo, O, 46-48
Beijos proibidos, 11

Beira do abismo, À, 92
Bela adormecida, A, 36
Blackmail, 38, 39, 41, 42, 44
Black Mask, 90, 95, 157
Blade runner, o caçador de andoides, 128-132
Blue steel, 149
Bola de fogo, 60
Bonde chamado desejo, Um, 79, 151
Busca do ouro, Em, 17, 19, 25
Butch Cassidy, 154
Cabaret, 98
Caçadores de emoção, 149
Canção da vitória, 8
Cantor de jazz, O, 9
Cães de aluguel, 94, 154-156, 158
Cão andaluz, Um, 141
Capacete de aço, 45, 47
Casa de bambu, 45, 46
Casablanca, 32, 73-75, 165
Casal do barulho, Um, 37
Casamento ou luxo, 24, 26
Cavalheiro de Paris, Um, 24
Chapéu de três pontas, O, 24
Chaplin desconhecido, 15
Chinatown, 93
Cidadão Kane, 41, 152, 155
Cidade do vício, 46
Cidade negra, 92
Cinderela, 36, 59
Close-up, 160
Colecionador, o, 141
Colheita vermelha, 90

Comédia dos erros, A, 160
Concerto para duas trompas, 162
Consciências mortas, 134
Confidential, 31, 98
Contatos imediatos de terceiro grau, 103
Contos de Hoffmann, 139
Coração selvagem, 136, 138-140, 144, 147
Corcunda de Notre Dame, O, 57, 104
Corpo que cai, Um, 39, 50, 104-105
Cortina rasgada, 39-40, 43-44
Creation, 124-126
Cristal, 168, 170

Dafne e Cloé, 167
Dama de preto, A, 46
Davi, 9
Demônio das onze horas, O, 48
Dernier tournant, 97
Despedida de solteiro, 153
Diabo a quatro, O, 30
Direito de nascer, O, 166
Disque M para matar, 42
Divina comédia, A, 4
Doze condenados, Os, 79
Doze homens e uma sentença, 153
Downhill, 34, 37
Dr. Cíclope, 79
Drácula, 56-57, 148
Dry Martini, 24
Duna, 136, 138-139
2001: uma odisseia no espaço, 103, 130

E agora brilha o sol, 55-56
E o vento levou, 73
Educação sentimental, 11
Elogio da loucura, 33
Embriaguez do sucesso, 52
Enciclopedia dello spettacolo, 22
Enciclopédia do cinema, Katz, 76
Encouraçado Potemkin, 3

Encurralado, 153
Eraserhead, 134-138, 141, 142
Exterminador, O, 147

Fantasia, 125
Fantasma do paraíso, 103
Farenheit, 81
Felicidade não se compra, A, 8
Festim diabólico, 34, 37, 41, 101
Festival da beleza, 146
Filho do século, Um, 110
Flash Gordon, 130
Flor do meu segredo, A, 164
Folhas mortas, 167
Frankenstein, 70, 137
Fúria, A, 105, 114

Garoto, O, 17
Gato preto, O, 57
General morreu ao amanhecer, O, 122
Grande ditador, O, 20
Grande loja, A, 30
Grande roubo do trem, O, 134
Guerra nas estrelas, A, 103, 130

Hallelujah, 26
Hamlet, 2-3
Henrique V, 2
História imortal, A, 120
Homem da máscara de ferro, O, 137
Homem das novidades, O, 11
Homem-elefante, O, 138
Homem errado, O, 39, 42
Homem que caiu na Terra, O, 81, 84
Homem que sabia demais, O, 42
Horizonte perdido, 128
Horror movies, 126
Hotel da fuzarca, 29-30
Hóspede, O, 39, 42

Iluminado, O, 92
Imorais, Os, 93, 100

Indiana Jones, 119-121, 123
Intriga internacional, 43
Inverno mata, O, 79
Irmãs diabólicas, 103

Janela indiscreta, A, 42
Joana d'Arc, 149
Jornada nas estrelas, 103, 130
Juventude transviada, 67

K ante as portas da lei, 160
Kika, 169
King Kong, 93, 97, 124-126

Ladrão de alcova, 23
Ladrão de casaca, 35
Ladrões de bicicletas, 161
Laughter, 21-24
Laura, 143
Lei dos marginais, A, 46
Lição, A, 41
Lolita, 91
Longa caminhada, 81
Loucos de amor, 31
Luz de agosto, 134, 144
Luzes da cidade, 19-20

Macbeth, 2, 28, 93, 114, 152
Made in USA, 48, 93
Malícia, 100
Marcha fúnebre de uma marionete, 40
Mariachi, O, 154
Marido era o culpado, O, 42
Marnie, confissões de uma ladra, 43
Más allá del olvido, 105
MASH, 21
Meia-noite, 59-63
Metrópolis, 51-52
Moby Dick, 160
Monsieur Verdoux, 16
Morte em Veneza, 7
Morte por encomenda, 101

Mortos que caminham, 46
Mulheres à beira de um ataque de nervos, 164
Múmia, A, 57
Mundo de Apu, O, 159
Mundo do riso, O, 12

Namorico magnífico, 24
Nibelungos, Os, 50-53
Noite americana, A, 162
Noite curta, 43
Noite dos mortos-vivos, 10
Noite na ópera, Uma, 33

Oitava esposa de Barba Azul, A, 60
Olímpia, 146
One plus one, 162
Orlando, 35
Ossessione, 92, 97
Otelo, 2, 67

Pacto de sangue, 92, 98, 100
Pacto sinistro, 37
Pais desconhecem, O que os, 139
Paixões que alucinam, 46, 47
Parade's gone by, The, 14
Parque dos dinossauros, 124-127
Pássaros, Os, 43
Pastor de almas, O, 15
Pather Panchali, 159
Performance, 81, 84
Petulia, demônio de mulher, 81
Pickpocket, 156
Poeira de estrelas, 84
Poeta en Nueva York, 7
Por um punhado de dólares, 90
Proscritos, Os, 21
Psicose, 39, 41-43, 70
Pulp Fiction (Tempo de violência), 90, 157-158

Raffles, Rastros de ódio, 21, 24

Raza, 3
Recordação, 42
Renegando meu sangue, 46
Retrato de Jenny, O, 57
Risada, 21
Romeu e Julieta, 163

Salto alto, De, 165-166, 169
Sem aviso, 79
Sem sombra de suspeita, 153
Serenata, 24
Serviço de damas, 24
Shark, 46, 48
Sombra de uma dúvida, A, 37
Sonho sem limites, Um, 100
Stella Dallas, a mãe redentora, 165
Submundo, 110

Taxi Driver, 40, 103
Tempos modernos, 17, 20
Teresa, 79
Terra devastada, A, 32
Terry e os piratas, 121-122
Testamento do Dr. Mabuse, O, 51
Testemunha de acusação, 70
Tom Jones, As aventuras de, 123

Tootsie, 87
Topaze, 21, 24
Topázio, 43
Touro selvagem, 9
Tragam-me a cabeça de Alfredo García, 94
Trama macabra, 40
Trinta e nove degraus, Os, 37, 42
Tristão e Isolda, 53, 65
Triunfo da vontade, 3, 146
Twin Peaks, 101, 136, 143

Última sedução, A, 101-102
Último bravo, O, 76-77
Último voo, O, 56-58

Vanidades, 167
Velho e o novo, O, 43
Vera Cruz, 76
Vida continua, E a, 160, 162-163
Vítimas do divórcio, 57

Yentl, 86-89
Yojimbo, 90
You bet your life, 33

Impressão e acabamento:

Grupo Smart Printer
Soluções em impressão